探究
弥生文化

学説はどう変わってきたか

浜田晋介著

　考古学は、モノを分析して過去の歴史を考える学問である。その学説はどのように生まれてきたのか。本書はこの問題について弥生文化の研究に焦点をあて、大学生・大学院生・考古学に興味をもつ社会人に対して解説するものである。

　学説というと、何やら小難しい理論や難解な解釈から成り立っている、と思われるかもしれない。たしかに、考古学特有の分析や解釈をすることは多い。しかし、その原理や考え方を踏まえれば、考古学者が分析対象としたモノから、どのように考えを導き出してきたのか、を理解することはそれほど難しいことではない。例えば弥生文化では稲作が行われているが、これは同じ穴の中から弥生土器と一緒に焼けた米が出土したこと、また、弥生土器に稲籾の痕跡（籾圧痕）があることをきっかけに推測されたのである。同じ穴から出土した土器と焼けた米は同時期と推測できる。弥生土器に籾圧痕があることは、弥生土器製作時に稲が存在した、ということにほかならない。こうしたことをきっかけに、弥生文化では稲作を行っているということが学説として定着した。さらにこの学説を基準として、縄文文化と弥生文化は別の文化・時代であるという学説を生むこととなった。

　また、新たな証拠の発見や研究方法の導入によって、出土した状況や出土品同士の関係性、製作時間、製作地などの考古学的な事象を、それまでの学説に比べて整合的に説明できる異なった学説が生まれることもある。新たな学説の登場はそれまでの学説を否定することも、一部の修正にとどまることもあるが、いずれにしても過去の研究の上に現在の研

究が存在している。そのことは、研究の歴史をたどることで理解できる。過去の学説を理解することは、「考古学者はどう考えたか」の証拠とそれに基づいた解釈を調べることである。どのような証拠に基づいて、その結論を導き出したのか。この方法で、思想史（学説形成史）の解説を試みた。いくつかの学説が絡まりながら学界の支配的な意見となり、またそれが新たな証拠などから覆され、別の支配的な意見に置き換わる。本書はこの様子を根拠をたどって記述した。

　筆者は、弥生文化の理解について研究史を繙きながら解説した『弥生文化読本』を上梓した。2018年2月に発行したこの書籍は、授業のテキストとして利用したこともあって、2020年2月に完売・絶版となった。筆者としては、誤字も多く索引を付さなかったため、改訂版を望んでいたがそれはかなわなかった。そこで『弥生文化読本』を基に出版以来多くの方にご意見をいただいたことを含め、新たな視点を添えて本書を構成した。本書は、『弥生文化読本』の姉妹編である。

　本書は、弥生文化の研究で筆者が重要だと考える7つのテーマを選定し、学説の形成過程を解説した。大学での授業も想定し、一つのテーマを Chapter とし、2回にわけて講義ができるように文量を調整したが、最後の Chapter はその原則にまとめることができなかった。これまでの100年を越える弥生文化の研究からは、膨大な研究成果が生み出された。そのためここで取り上げたテーマは、弥生文化を理解するためのほんの一部である。また、取り上げた業績が偏っていると感じるところもあるだろう。それは、筆者の力量不足にほかならないが、大学で授業を受ける学生に最低限これだけは理解してほしい、と筆者が考えていることを取り上げたにすぎない。学説の形成史とその興亡の在り方を見直し、これから進むべき研究の道筋のヒントになればと思う。

●探究　弥生文化㊤●目　次

人文科学の学説

研究史を理解するには何が必要か

☰ 概　要

　Chapter 1 では、Chapter 2 以降のテーマを解説していく前に、筆者が考える考古学での科学的な学説の在り方を示し、どのように研究史を読み解いていったのかの基準を示す。そしてその上で、研究史を理解するために、どのような部分に注意していったかを述べておく。本書の全体を通して基礎となる考え方を示す Chapter である。

　「研究史」という言葉は多様な意味を含んでいるが、本書においてはあるテーマに対するこれまでの研究の歴史ととらえる。個別の研究史が集まれば、考古学の学問としての成長の過程を語る「考古学史」になるだろう。

　考古学は、学問であり科学である。これを実践するためには、どのような考え方のもとに論文が書かれるべきか。そして論文をもとに形成された成果を、どのように判断すべきか。また、学説とはどのように形成されるのか。こうした問題に対して、これまで行われてきた考古学研究、主に弥生文化研究を題材にして、解説を試みた。また、研究史は漫然と研究の内容をまとめるのではなく、ポイントを意識して整理していかないと、適確にとらえられないことを示しておいた。

　この Chapter 1 を理解して、各 Chapter の研究史を学んでほしい。

本書の目的とねらい

　大森貝塚が1877年に発掘調査されて以来、数多くの発掘調査が日本列島では行われ、往事の人びとの生活や社会を復元してきた。その研究の歴史—研究史—は、学問を行う者にとっては、必ず繙いて理解しておく必要がある。

　研究史をみると、さまざまな学説が生まれ、その学説が否定され新たな学説が誕生してきたことが理解できる。確かだと思われていた学説も、この学説に矛盾する事例の発見で否定される。そうしたことの繰り返しで、考古学は進歩してきたといえる。しかし、一時期支配的な考えのもととなった学説を検討すると、未検証の前提や不十分な証拠によって組み立てられた研究事例も多いことに気づく。その原因は、当時の社会背景や資料の少なさからくる制約などにあるが、そうした状況を把握した上で、当時の研究者や研究者集団が学説をどのように組み立てたのか。これを理解することは、現在の研究が過去の研究の上に成り立っている以上、現代的課題とつながっていることも少なくない。本書はテーマを設定して過去の弥生文化の研究を振り返り、過去の学説の根拠と問題点、そして現代的な課題について整理したものである。

　本書に選んだテーマは、弥生文化を理解する上で学んでもらいたいと筆者が思う項目を選んだ。*Chapter* 2 では、研究がその時々の社会状況や新たな研究方法の導入による影響が強いこと。*Chapter* 3 では、研究素材の主要な資料として、研究の最初期から存在する「土器」が、どのように理解されてきたか。*Chapter* 4 では、その土器を使った研究法に焦点をあて、型式論と様式論の違いは何か。*Chapter* 5 では、弥生文化を特徴づける石器と金属器の使用時間について、これまでどのように理解されてきたか。*Chapter* 6 では、弥生文化のもう一つの特徴である農

業を取り上げ、どのような方法で追究され、現在どのように理解されているのか。*Chapter*7では、弥生文化の枠組みはどのように理解されてきたのか。こうしたことを、研究史の整理を通して解説している。

パラダイムの形成とパラダイムシフト

疑問をもたなければ学問は停滞する。前に進まない。おかしいと感じることは、学問にとって良いことである。学問研究は、疑問との戦いである。

トーマス・クーンはこれまで科学の研究では、変革が繰り返し行われていたことを、「パラダイム」[1]の用語を使って説明した。過去の科学研究において、パラダイムに危機が訪れると科学研究で革命が起き、新たなパラダイムの下に研究が行われてきたとする。日本の考古学研究でも、こうしたパラダイムシフトが過去行われてきた。その大きな要因（クーン流に言えば危機）は、強制的な研究方法（皇国史観）からの解放、新たな資料の出現、新しい理論や機器の開発などであった。パラダイムシフトが起こり、新たなパラダイムの下、研究が進められていくと、旧パラダイムを構成した証拠や結果について批判的に検討することは少ない。しかし、将来の研究へつなげるために検証を行うことは必要である。つ

---

1) トーマス・クーンは、パラダイムを「一般に認められた科学的業績で、一時期の間、専門家に対して問いかけ方や答え方のモデルを与えるもの」（トーマス・クーン／中山茂訳 1971：p.v）、「科学の模範となって…一連の科学研究の伝統を作るモデルとなるもの」（同書 p.13）と定義している。しかし、この定義は曖昧あるいは多義的であると指摘され、8年後に「共通した教育と専門的出発点」（同書：p.200）をもつ科学者集団が共通にもっている理論として、「専門母体」（disciplinary matrix）の用語と概念に変更した（同書：p.207）。そのため、パラダイムという用語を的確に表現することは難しいが、ここでは、研究者集団間で、ある一時期ある問題に対する支配的な考え方、と理解しておく。

まり、旧パラダイムでは何が間違っていたのか。本来真実が一つである
ならば、過去のパラダイムが否定されたとき、旧パラダイムを構成して
いた証拠や解釈も吟味されるべきである。過去のパラダイムにもそれを
支える証拠が存在していたのであり、そのパラダイムが否定された以
上、検証が必要である。その証拠が間違っていたのか、証拠の解釈が間
違っていたのか、あるいは新たなパラダイムの方が間違っているのか。

　そうした吟味、つまり古いパラダイムの証拠や解釈まで検証すること
は、新旧のパラダイムで矛盾が起きた時には吟味されるが、そうした事
態が起きないと研究者の議論に上ることは大変少ない。弥生文化研究で
いえば、*Chapter* 5 で紹介する鉄器の問題はその代表的な検証例である。
それまでのパラダイムのどこに問題が存在したのかを吟味することは、
新たなパラダイムの形成に伴って不必要にはならない。むしろ、新たな
パラダイムを形成した証拠として解明しておくべきであろう。弥生時代
の鉄器の問題はこの検証がなされた事例の一つである。将来パラダイム
シフトが起きた時、同じような事象を繰り返さないためにも、過去に存
在したパラダイムの検証は行っておく必要がある。

　また、学問は人間が行う営みであるため、研究当時の社会的思想や知
識、分析方法の有無などに影響されることがあり、また研究をとりまく
人間関係のなかで「情」に流されることも多い。しかし、科学である以
上学説の判断に「情」が入り込むことは極力さけるべきである。自分の
説に反対されると感情的になるという気持ちは理解できるが、これは科
学的な姿勢とはいえない。筆者も戒めとしたい。

　本書では、こうした過去のパラダイムがどのような証拠や解釈をもと
にして形成されてきたのか、を探る目的がある。過去の失敗をあげつ
らって批判するのが目的ではなく、その時パラダイムとなった判断がそ
の後に覆されてしまった原因はどこにあるのか、それを学ぶことで将来

の研究に資することは大きいと考える。また、長い間批判にさらされながら、のちに別の方法で検証され認められた成果・学説もある。その思考過程や手続きなどを学ぶことは、将来の研究の助けになると考える。その証拠は問題ないか、その解釈は問題ないか。常に両者の信憑性を検証しながら、弥生文化を解釈していく必要がある。

人文科学と自然科学の科学性

　考古学は、日本の学問領域では人文科学に位置づけられる。人文科学は一般的に人間に関する事象を分析対象とし、自然科学は人間が関与しない自然を分析対象にする[2]。日本では古墳時代以降歴史的に他民族からの支配を経験しなかったという認識（むしろ古墳築造者＝大和民族＝日本人が先住民を駆逐しながら王朝を立てたという認識）に基づき、考古学は現在の日本人の前史につながる日本史、つまり歴史学の一部と考えられた。考古学は文献を分析素材とする「歴史学」が伝統的に人文科学であったことから、同じ学問領域に位置づけられたといえる。

　しかし、弥生土器が初めて発見された 1884 年に坪井正五郎らによって設立された人類学会が、考古学を自然人類学、社会人類学などとともにその研究内容に含めていたように、明治時代には人類学の一つとして考古学の研究が行われ、人類学会は東京大学理学部に置かれていたのである。アメリカでは、現在も先史時代と新大陸発見以後の歴史的なつながりについては違いが明白であるため、広義の人類学に含め考古学を扱っている（鈴木 1988）。学問体系のなかで、考古学を人文科学（文系）あるいは自然科学（理系）のどちらの領域に含めるにしても、科学として

　2）　このほかに社会科学として分類される領域は、人間と人間との関係で生じる事象を分析対象とする。ここでは、社会科学も便宜的に人文科学に含めておく。

の学問である以上、研究の方法に科学性が存在しなければならないことは言うまでもない。では、人文系の学問における科学性あるいは科学的思考とはどのようなことであろうか。

　自然科学の分野では、仮説を実験によって確かめていく。それを他者が再現できることで仮説が証明される、という最もシンプルな証明方法をとる。また、実験や観察を通して事象をデータ化し、そこから法則を導き出してその法則を実験やほかの事象と比較することで証明する方法もある。すべてがこうした方法ではないが、自然科学の分野では他者による再現性によって証明の担保が行われることに、大きな特徴があるといえる。

　これに対して人文科学はある事柄に対して説明を行い、その解釈が結論となる。そのため他者による再現性という証明法ではなく、その解釈の理論的な整合性・妥当性を問題にすることが多い。一般的に人文科学では、整合性・妥当性を導き出した証拠とその証拠をどのように分析し解釈したのか、ということを通して証明していく。つまり、採用した証拠とその解釈が、学説の根拠として大きな比重をしめることとなる。

　本書で扱っている考古学は、人類が製作・使用してきたモノ資料[3]を通して、当時の人びとの生活、社会構造、交流、技術、自然環境、災害状態など多岐にわたる問題を取り上げる学問である。後述するように考古学では法則性を導き出した研究や、分析資料の性格から自然科学的な分析を用いた証明[4]などのほかに、こうした過去の出来事を推測してい

---

3)　分析対象としての考古資料は、土器や石器といった遺物、建物や墓の痕跡といった遺構がある。こうした対象資料を、物体・物品などの一般的な「物」と区別する意味で、「モノ」資料と表記する。

4)　考古学の分析はモノ資料に備わっている属性をデータとして分析することで、過去の出来事を復元していく方法をとる。土器や石器などの目に見える資料の文様構成や形、素材などのデータのほか、目に見えない属性を顕微鏡下で観察、あるいは確立し

くために、一般的な方法として演繹法、帰納法、仮説形成法も基礎的な部分で利用される。しかし最も重要なのは、実際の証明過程でそれぞれを検証する方法が必須となることである[5]。考古学は、ほかの人文系の諸学問、例えば哲学系、文学系、言語系、あるいは最も近い歴史系（文献史学）に比べても自然科学の領域に近く、分析結果の他者による再現性を適用できる事例もあるが、最終的にはそのデータを歴史事象のなかでどのように解釈するのかが問われる。そのため、ほかの人文系の領域と同じく、結論の基準となった証拠とその証拠をどのように分析し解釈したのか、という証明方法が重要となるのである。誰が何を提唱したのかではなく、誰が何を**証拠**にどのように**解釈**したのか、が問われるのである。それが、考古学の科学性を保証する基礎となるものといえる。

た法則に則り測定するなど可視化して（例えば年代測定）、分析データとすることが多くなっている。したがって、可視できるかどうかにかかわらず、モノ資料の属性をデータをもとに分類し、ある地域やある時期にどのように分布しているのかという方法や、遺跡における分類資料の占める割合を示すなど定性分析・定量分析に似た研究手法、あるいは原材料、産地、種実の同定や年代測定などの自然科学的な方法がある。このような方法でデータを分析して、当時の人びとの歴史復元を行っている。

5）　それぞれの証明方法は、例えば次のような構成となる。

演繹法：規則性→前提条件→結果→検証
　貝塚を掘ると石器が出土する。貝塚がある。従って石器が出る。→検証

帰納法：前提条件→結果→規則性→検証
　貝塚を掘る。これまで石器が出土してきた。従って貝塚からは石器が出る。→検証

仮説形成法：結果→規則性→前提条件→検証
　石器がある。貝塚からは石器が出土する。従って貝塚から出た（にちがいない）。→検証。あるいは、馬骨が出た。縄文遺跡から出土した事例はない。従って縄文時代の馬骨ではない。→検証。

　こうした方法はあるが、実際の研究では最後に存在する、類例の確認、実証、追実験などの「検証」に重点があることは明白である。

では、証拠が示されていれば科学だと認定できるか、と言えばNOである。科学性を保証するためには、証拠の質と取り扱い方が最も重要になる。ただし、その基準を定めることは難しい。もちろん考古学の場合証拠となる資料が偽造や模造である時は、証拠として採用できないこととなり、科学以前の問題として識別しやすい。しかし、発掘によって出土した資料を証拠として用いて導き出した分析結果の場合、何を基準に我々は科学的と判断すべきなのか。

　幸いこの問題を考えるためのヒントを、自然科学の思考からくみとることができる。染色体外因子（ウイルスやトランスポゾン）を専門分野とする中屋敷均は、次のように科学と非科学を区別する。彼は、科学であるか否かは研究に関わる姿勢であるとする。そして、「科学的な姿勢とは、根拠となる事象の情報がオープンにされており、誰もが再現性に関する検証ができること、また、自由に批判・反論が可能であるといった特徴をもっている」（中屋敷 2019：p.75）として、根拠が神秘性をまとって秘匿され、一部の人間しか確認できない、感情に訴える、批判に対して答えない、批判自体を許さないといった姿勢は非科学であるとするのである。また、科学的であると判断した事例も多くは不完全なものであり、そのために間違いがあれば修正することが重要であるとする。そして、「修正による発展のためには情報をオープンにし、他人からの批判、つまり淘汰圧のようなものに晒されなければならない。（中略）この修正による発展を繰り返すことが科学の最大の特徴であり、そのプロセスの中にあるかどうかが、科学と似非科学の最も単純な見分け方ではないか」（同書：p.76）と述べている。考古学に限らないが、研究が科学的であるかの基本は、望めばアクセス可能なデータ（モノ・分析過程・報告書）を証拠に、論理的に妥当な解釈を導き出しているか、を第三者が判断できることである。考古学の科学性も、まずはこのように担保される。

先に触れたように中屋敷は自然科学分野の研究者であり、その経験を
もとに科学と非科学を述べているわけだが、人文科学、とくに過去の考
古学研究にも実に良くあてはまる説明だといえる。

考古学の科学性

　例えば、Chapter 2 で扱った昭和戦前に文献史学や考古学の研究を規定
した皇国史観は、まさに神秘性をまとって、批判自体を許さないもので
あった。それが戦後批判・検証されたことで、皇国史観の根拠となった
『日本書紀』『古事記』（以下『記紀』）の年代や事象の信憑性は、大きく揺
らいだ（浜田 2018 参照）。そうした信憑性を失った年代や事象に依った戦
前の研究は、科学的姿勢をもっているとは言えない。しかし、科学的姿
勢をもたない戦前の研究成果について、戦後の考古学で論証過程の非科
学的な部分を取り去ることで、結論部分だけを正しいとして採用した事
例が存在する。そのためその概念設定の根拠が変化した現在も、基礎的
な学説として存在することがある。Chapter 2 と Chapter 3 で扱った遠賀
川式土器などは、その一例である。戦前は渡来稲作民を弥生文化の伝播
者として位置づけ、その文化伝播者が製作・使用した土器を遠賀川式土
器としていたが（例えば小林 1933a・1938）、戦後は渡来稲作民の概念を不問
にして前期の土器の総称・別称として遠賀川式土器を位置づけた（例え
ば杉原 1960、佐原 1983）。

　また、日本考古学の研究史上、最大の事件となった前・中期旧石器遺
跡捏造事件（以下、「旧石器遺跡捏造事件」）では、発見者の神秘性（ゴッドハン
ド）、一部の人間のみが確認し、感情的なことから資料を見せない、批
判自体を許さないといった姿勢があった（角張 2010、竹岡 2014）。しかし旧
石器遺跡捏造事件は、脂肪酸分析法という自然科学分野での分析を用い
て、14 万年〜11 万年前の地層出土の石器から、ナウマンゾウの脂肪酸

が検出されたとする結果[6]にも支えられ、ほぼ四半世紀の間「確定」した学説として存在していたのである（浜田 2018 参照）。

　残念ながら旧石器遺跡捏造事件のように、根拠や分析過程を示さずに結果が提示される、先に述べた中屋敷のいう非科学的な姿勢による考古学研究があったことを、我々は忘れてはならないのである。そして類似する非科学的な姿勢で結論された「学説」をもとに、新たな学説が展開されていった場合も多いことが、これから本書で展開する記述をみれば、おぼろげながら理解されていくことと思う。

科学的な論述の検証

　科学性が担保された論文は、複数の段階で「論理的に妥当な解釈」であるかを検討されることとなる。「解釈の妥当性」と言い換えても良いが、これをどこで判断するのか。それぞれの研究者で同じである場合と異なっている場合があるし、一人の研究者が一つの基準だけではなく、複数の基準をもって判断していることも普通であろう。筆者の場合、確

---

6)　旧石器遺跡捏造事件における脂肪酸分析の問題点については、すでに述べた（浜田 2018）。詳しくはそれを参照願いたいが、分析の前提条件が未検証であることを隠蔽して、分析過程を示さないまま分析結果が報道機関によって確定事実として扱われた。そして、この成果を前・中期旧石器遺跡の存在根拠として考古学者が採用するなど、複数の非科学的な行程が重なっていた。こうした事例に疑問を呈し批判した研究者に対して、「私自身は古い石器を専門としておらず、正面からこの議論に参加することはできない。しかし、私からみると脂肪酸に覆われた「石」を、人が作ったものでないと否定しさることは、今やむずかしいと思う」（佐原 1987a：p.57）などと再批判していた。ところが、出土した旧石器遺跡それ自体が捏造であったことから、遺跡を捏造するために埋め込んだ、ナウマンゾウの脂肪が付いたとされる（おそらくは縄文時代以降の）石器は、ナウマンゾウの脂肪が付くことがあり得ない、脂肪の種類もわからない石器であり、科学資料としての信用性が失われた。

実な事例を証拠として用いているか。自然科学的な真理[7] に反していないか。事象の説明が矛盾していないか。事実誤認がないか。などを基準にして論文を読み判断している。当然、自分で書く論文もこのようなことに注意しながら書くこととなる。その上で、例えばここまでの解釈は妥当であるが、この解釈をもととして次に論証している資料は、論証時期の遺物か不確実である、という状況もある。この場合は不確実の資料を使うまでの分析は有効であるが、それ以降の分析と解釈は妥当性を有していないこととなる。

　また一方で考古学の宿命でもある、資料の増加によってそれまでの数量的・地域的分布の特徴が成立しなくなった、ということも起こる。逆に類例・事例数が多くなれば、それを分析した結果の信憑性が増すことは当然である。分析対象とした数が例えば 10 例と 1,000 例では、後者の方が真実への精度は高くなるのはいうまでもない。しかし、確実な事例が 10 例と不確実な事例が 1,000 例では、後者の方が数としては圧倒的に多いが、前者を無視してよいわけではなく、むしろ前者は確実な資料であるだけに、信憑性はむしろ高いといえる。こうしたことを考慮すれば、不確実な資料数例で全体の大きな枠組みを規定するという成果は、考え方としては成立するが証明されたことにはならず、まだ仮説の段階である。しかし、研究対象の事例が少ないものは、不確実な数例での仮説のまま議論が進みがちになる。そこに考古学の検証の難しさがある。ただし、不確実なものはいくつ集まっても不確実のままであり、確実な事例がどれなのかを見極めながら論を組み立てて行く必要がある。弥生時代の研究でいえば、*Chapter* 5 の金属器の帰属時期の問題にこの

---

7)　重力によって物体は地表面に安定化させられる。両側から開けられた孔は途中で交わる。イネは低水温では実らない（植物の特性がある）。土壌が充填されている竪穴を壊している竪穴は前者の竪穴より新しい。などが該当する。

ことが見て取れる。甕棺から出土した金属器は共伴が確実な資料であるが、包含層から出土した資料は、その状況によっては所属時期が不明な資料ととらえるべき性質のものであることを教えている。

「解釈の妥当性」に関して、論文で意見の違いを表明し合う。これが論争として表面化することがある。論争が起こると、問題となった部分が淘汰され批評にたえた部分が残るため、次第に学説として定着することとなる。日本考古学で有名な論争の一つである「ミネルヴァ論争」は、こうした解釈の妥当性が争われた事例である（浜田 2018 参照）。しかし Chapter 7 で詳説したように、この論争によって主張された、弥生文化の開始が北海道と南西諸島を除く地域ではほぼ同時であるとする考えは、論理的な分析よりも西からの伝播という先入観の方が研究者の意識をとらえたのであった。その要因として、皇国史観が前提にあった。検証が適切になされなかった事例である。

考古学の二つの法則性とその成果

考古学は人文科学的な方法だけではなく、自然科学の方法論も積極的に取り入れており、法則性を導いた研究も少ないながら存在する。

Chapter 4 で示した、縄文土器の編年研究はその一つである。洞窟や貝塚を舞台に、縄文土器が出土する土層の上下によって新旧を決定する方法は、地質学の地層累重の法則をもとに組み立てられた。そして出土する土器を吟味し検証を重ねて、付けられた文様の変遷を法則化することができた、とする戦前の研究がある。手の込んだ模様から省略化が起こるという研究成果をもとに、最初は曲線主体の文様が次第に直線化していくことを法則と確認した研究は、縄文時代晩期の土器を時間的にも空間的にも位置づけることに成功する。この成果は以後の多くの新出資料の存在に対しても、その法則性が保たれ成立することが検証された。

そして放射性炭素 ^{14}C 年代測定法によってもその順番が確認され（小林2008）、この法則性が成立することが証明されている。しかし、この法則の有効範囲としてはあくまでも東北地方の縄文時代晩期の「亀ヶ岡式」土器にあてはまるのであり、ほかの地域や時期・時代にも適用できるわけではない（適用できる地域、時期・時代もある）。つまり、法則性には条件があるということを忘れてはならないのである。弥生土器の研究でも、文様の新旧について「省略化」の法則を含めながら論じたが、枠組みには他の方法をとり入れて編年が完成した。

　もう一つの法則性は、Chapter2 で紹介した唯物史観による研究法である。唯物史観は戦前の皇国史観に代わり、戦後席巻した歴史観である。その法則性は発展史観とも呼ばれるように、人類社会は平等な社会である原始共産社会から始まり、封建社会などを経て最終的には社会主義の社会に到達するという、「歴史の一般法則」があるとされる。この法則にあてはめ、日本考古学では縄文時代を無階級期、古墳時代を階級社会の確立期、その間の弥生時代は階級社会の形成期という前提で時代を理解してきた。あるいは人類史において農業の開始が革命にも相当するという観点でとらえられてきたため（チャイルド／ねず訳1951）、弥生文化・弥生時代が縄文時代と比べ発展してきた、あるいは弥生文化の方が高度な社会であるという前提を作り出した。しかし、1989 年にベルリンの壁が崩壊し、その後ソ連という社会主義の牽引者が資本主義に戻った現実から、この法則が成立するのか疑問をもつ人が多くなった。

　また、縄文時代の無階級性についても、その前提は検証していないものであって、法則性が正しいかも確認できない。縄文時代は無階級であるとする前提に疑問をもっている研究者もいる（例えば中村2008）。階級をどのようにとらえるか、研究者によって階級・階層の意味が異なっていることもこの問題に拍車をかけている。さらに鉄器が階級形成に大きな

要因となったと考える研究者にとって、放射性炭素年代測定による弥生時代の開始年代の遡及が、最初の数百年間は鉄器の無い石器時代であったという結論を導き出したことで、大きく修正を迫られることとなった。

　また Chapter 6 で詳説したように、日本考古学において縄文時代に植物栽培が行われていなかったとする学説も、現在では縄文時代中期以降はダイズやアズキなどのマメ類、晩期にはこれに加えてアワ・キビが存在していたことが確認されるようになり（小畑 2015 など）、必ずしも農耕の開始が発展の契機となるものではないことが分ってきた。

　こうした問題点が指摘されるようになり、この法則をもとに弥生時代を位置づけることは現在慎重にならざるを得ない。いずれにしても法則性という一見科学性を保証する言葉にとらえてしまうかもしれないが、その法則が法則たりえる方法と限界を知って使用すべきである。

研究史を理解する視点

　筆者は、このような過去の研究のあゆみを知ることの重要性や研究史の扱いについて、次のように考えている。

　研究史を振り返ることは、単純にこれまでどのような研究が行われてきたかを時系列に整理するだけではない。何時、誰が、どのような根拠に基づき、何を結論づけたのか。そしてそれは科学的なのか。こうした観点から、その研究の結論には妥当性が存在するのか、という判断をすることでもある。そのためには当然のことながら、原典の著作物を自分で見て、理解する必要がある。査読の体制をとる一般的な学術雑誌の場合、枚数の制限があるために冒頭の研究史には字数を費やしたくない気持ちも理解できる。しかし、少なくとも論点として設定する内容については、先行研究の根拠とその内容、そしてその文献を示すべきである。これまでの研究者は、「なぜそう考えたのか」。

研究史をみるということは、その「なぜそう考えたか」を現在の研究までつなげて、問題の所在を探ることでもある。先行研究の妥当性を吟味して判断しなければ、どこに問題があるのか、何が問題なのかが見えてこない。大学生が陥りやすいのは、「誰が何を結論づけたのか」ということの累積で研究史を整理することである。この方法では、複数の結論が並びその妥当性を判断できなくなる。「誰が何を結論づけたのか」ではなく「誰が何を**根拠**に結論づけたのか」が必要なのである。そうすることで研究の現代的な課題、つまり研究上の問題点が初めて抽出できるのである。これが、研究史を学ぶ上の視点の一つである。

　また、先行研究解釈の妥当性を検討して研究史を書いていくという作業は、研究史を書く者が先行研究内容、とくに根拠を中心に批評し評価していくことにほかならない。とくに研究史で検討する先行研究はすでに物故された研究者も多く、批評・評価に対して反論ができない状態である。そのため、現在の知見で批評・評価はすべきではないし、研究史をつくる側の批評・評価も科学性を踏まえたものでなければならない。こうしたことが守られることによって、研究史の科学性も保たれると考える。また、批評する対象は内容であって、人ではない。ただし、盗用・盗作・剽窃・捏造など研究のプライオリティー侵害については、個人の研究姿勢にも踏み込んで批評・評価しなければならない部分もある（浜田 2018 参照）。プライオリティーの侵害はモラルの問題でもあり、科学的であるかを問う以前に、個人の研究姿勢に直結する問題である。同じ過ちを繰り返してはならない。研究史のもう一つの役割である、過去の研究の成果（正も負も）を共有することは二つ目の視点である。

　研究は人間が行う行為である。そのため、数年経過すると考え方が変わることがある。筆者も考え方を変化させたことがある。そうした場合には考え方を変化させた理由が書かれているであろう。最新の研究が必

ずしも妥当性のある解釈になっているとは限らないが、一人の研究者が
どのように考えているかは、最も新しい見解を参照することが重要にな
る[8]。しかし古い見解を否定しないまま、新たな見解を発表することも
事例としては多くある。この場合古い見解のどこを変えたのかを明確に
しないと、新旧の考えが両立することとなり、研究を混乱させてしまう
ことになる。Chapter 6 で詳説した、水稲単作史観で弥生社会像を組み
立てていた段階から、畑作物の存在を認知した現状が、その一つの事例
である。水稲単作の社会だと考えていた中に、畑作が存在するならば、
これまでの水稲単作の社会像のモデルでは解決がつかないはずである。
まずは両者がどのように関わりをもつのか、検討すべきである。そうし
たパラダイムシフトを、研究史を学ぶものが理解できるか。研究史を理
解するために重要な三つ目の視点である。

　四つ目は上記のこととリンクするが、現在進行形で進む研究に対し
て、一定の評価をつけることの難しさがあることを理解するということ
である。新たなパラダイムシフトが完結した時、古いパラダイムの内容
は、その対比のなかで論点が見つけやすい。しかし、パラダイムの変換
が進行中の研究については、陸続と新たなデータや分析結果が提示さ
れ、学説の淘汰が進行中で全体の評価が難しい[9]。そのため古いパラダ
イムの評価のように、これ以上議論が進展しない状態で研究を俯瞰する
ことができないことを考慮する視点である。しかし、現在進行中の研究
でも、問題点を抽出するという研究史のもっている最初の視点を忘れず

---

8)　それを確定するのは簡単ではない。本書においてもそのことには注意をはらったが、
　　一部の研究者によってはそのことが未確認である可能性もある。
9)　Chapter 6 や Chapter 7 はまさに現在進行形で進んでいる課題であり、筆者の研究分野
　　とも重なるため私見も取り入れた。そのため、この分野での現在進行形の研究史は、
　　将来大きく変化する可能性を有していることを理解してもらいたい。

に、考えていくことが必要である。

本書を読むにあたって

これまで、本書を利用するための概括的なことを記してきた。この Chapter の最後に、本書を記述するにあたっての基本的な説明と、使用する用語、留意してもらいたい点などを説明しておきたい。

まず、本書は大学および大学院での授業に使用することを前提に章立てを行った。一つの Chapter を 2 回の授業に分けて説明する分量とし、これまでの筆者の経験から、20 ページ以内に収めることで文章を調整した。ただし、Chapter7 については扱う研究成果も多いことから、30 ページを目安とした。しかし、放射性炭素年代測定による弥生時代の開始年代の見直し以降、弥生文化をどのように考えるべきかの議論が多く、取り上げたい成果が重なった。この Chapter だけ目安の文量を大幅に越してしまった理由である。

ページ数の制限を設けたことにより、多くの研究成果を割愛することとなった。もとより、弥生文化の先行研究の成果の根拠を示しながら悉皆的に紹介することは、個人の限界を超えた作業であり、筆者の能力からも不可能なことである。そこで本書を執筆するに際して、過去のパラダイムを構成する発見・著作・論文に焦点をあてながら、筆者が画期となると考えた研究成果を中心に紹介していくことを方針とした。画期となるとした判断は、その後パラダイムを形成していく学説の一つとして論じられている、またはそれに反対する内容を選んだ。文献の取捨選択に偏りがある、あるいは取り上げていない文献があると感じるであろうが、取り上げていない文献を評価しないということではない。著者のまとめる能力不足が原因である。

また、同じ著者の論文でも初出論文をなるべく紹介するよう心がけ

た。ただし、報告書を含めて多くの出版物が刊行されている中で、初出かどうか確定することが難しい事例もある。例えば発掘調査で出土したデータは報告書をまって周知化されるのが通例であるが、報告書刊行まで数年を有することがあり、その間に講演会やシンポジウム、あるいは論文などで報告される事例がある。報告書刊行以前の初出をどこにするかなど、その探索が徹底できなかった反省があることも吐露しておく。

　本文中の用語や図の扱いについて留意していただきたいことを、以下列挙しておく。

　（1）「弥生人」という表記について

　本書には、「弥生人」や「縄文人」などと記載している箇所がある。弥生土器を使用した人びとという意味で「弥生人」、同じように縄文土器を使用した人びとを「縄文人」と表記している（以下、「　」はとる）。あくまでも便宜上使用しているのであり、このような名称の民族や人種は存在しない。

　*Chapter*7 でも触れているように、縄文人と弥生人の関係は、戦前においては異なった民族・人種であったという意見が多かった。縄文人は先住民、弥生人は大陸・朝鮮半島から渡来した人びとであるという理解である（弥生文化伝播論）。しかし、戦前にも弥生文化は縄文文化からの伝統を引き継いでいる要素があるとする意見が提示されていた（弥生文化変容論）。また戦後になり自然人類学（骨の研究）で、弥生人は高身長になるという測定結果から、縄文人よりも高身長の大陸・半島系と縄文人との混交が弥生人であろうという成果が示された。あるいは弥生人の高身長は、狩猟から農業生活に変化したことが影響して、骨にも変化が現れたとする研究成果もあった。こうした自然人類学からの成果を受け、弥生人は縄文人を基盤として形成されたと理解されるようになっている（浜

田 2018 参照）。

(2) 弥生式土器と弥生土器の呼称

　Chapter 2 で触れているように、弥生文化の研究が開始された当初、現在の弥生土器は石器時代のものとされ、同じ石器時代の縄文土器と区別する意味で「弥生式土器」と呼ばれた。次第に縄文土器を使う文化と弥生式土器を使う文化は異なっていることがわかり、縄文土器を使う文化を縄文文化、弥生式土器を使う文化を弥生式文化と区別するようになる。この段階ではまだ、同じ石器時代のなかの二つの文化という考え方であった。この影響で、縄文式文化という呼称も使われていた。しかし、弥生式文化は縄文文化とは、内容的にも時間的にも異なっていたことが指摘され、両文化を分ける基準として、使用する土器とは別に、水稲耕作の有無も使われるようになった。1975 年に佐原眞、金関恕によって縄文と弥生は時間的に独立した文化であり、現状では縄文土器と弥生式土器を区別することは困難である、という認識から土器で区別するよりも生業の違いによって時代区分する方法が現状に適しているとして、「式」をとって「弥生文化」「弥生時代」「弥生土器」と呼ぶことが提唱された（佐原・金関 1975、佐原 1975b）。農業が行われ前方後円墳が成立するまでの文化を「弥生文化」、その文化の時代を「弥生時代」、その時代に使われた土器を「弥生土器」とするのである（佐原 1987a）。こうした研究の流れをおさえるならば、1975 年以前には「弥生式」、以後は「弥生」と書き分けるのが筋であろう。しかし、そうした書き分けは必ずしも統一されているわけではなく、1975 年以前にも「弥生」を使用している研究者はいる。同じように 1975 年以後に「弥生式」を使用している研究者もいるため、紛らわしい。そのため、本書では「式」を使う方が正しい理解を導くと判断した場合や引用文を除いて、弥生土器、弥生文化、弥生時代を使っている。

（3）鉾と矛

　鉾と矛は、どちらも訓読みは「ほこ」で同じものを指している。この語の使い分けがどのように行われてきたのか、確認することはできなかった。傾向として戦前は「鉾」、戦後は「矛」を使用している。本書では引用文はそのままにして、筆者の文章ではその場面に合わせて書き分けを行った。なお、畠と畑については 114 頁を参照。

（4）引用文と図の使用例

　引用文は誤字も含めそのまま引用するのが原則である。しかし、旧字体や旧仮名遣いに慣れていない読者（学生を想定している）の便宜をはかるため、カタカナ表記など原文のニュアンスを損なうと考えた場合を除いて、旧字体は新字体に、旧仮名遣いは新仮名遣いにそれぞれ改めている。また、誤字だと判断した箇所には、ふりがなの位置に「〔ママ〕」と表記した。そのまま引用したという意味である。

　使用した図に関しても、そのまま引用するのが原則である。しかし、考古学の場合、そのままの転載では図の解釈がわかりにくい場合がある。例えば、*Chapter*3 の第 5 図は原図そのママであると、平面図と土層図が規格に入らないため、原図の平面図と土層図を切り離してレイアウトをし直した。また、同じく第 7 図は大洞貝塚の位置と出土土器の関係をわかりやすく示す目的で地点貝塚の箇所にトーンをかけ、大洞 B 式〜A' 式土器の図を配したなど、ほかにも原図を改変した図はあり、それらにはキャプションに「改変」したことを明記しておいた。

Chapter 2 研究方法と社会

どのような理論で結論を導いてきたか

≡ 概　要

　考古学に限らず学術研究の分析成果は、社会の情勢や新たな研究方法の出現によって大きく変化する。それは過去だけではなく、現在の研究者も例外ではない。考古学では、グスタフ・コッシナが第一次世界大戦敗戦後のドイツで、ゲルマン民族の優秀性を示すとする先史時代の遺物が、ヨーロッパ全域から出土する分布状況を示した。この分析が当時を代表する考古学的成果として受け入れられたのは、敗戦の不満を抱えた社会状況が大きく作用していた。後年ナチスドイツの思想的な基盤としてこのコッシナ理論が用いられるのも、政治と学問の関係性を示している（エガース／田中・佐原訳 1981）。日本においても、明治新政府は天皇を中心とする中央集権国家体制維持のために皇国史観を正統な歴史観としたため、太平洋戦争敗戦以前は皇国史観による研究が評価されていた。しかし敗戦以後は、社会体制の変化とともに皇国史観に置き換わるように唯物史観による研究が評価された。そして 1970 年代から自然科学を応用した考古資料の分析と解釈が増え、1980 年代から唯物史観に替わる分析方法を模索するようになり、現在は自然科学的な分析方法が考古学研究に多大な影響を与えている。

　この *Chapter* では、そうした研究法がもたらした弥生文化研究に焦点をあて、研究の歴史をたどっていく。その上で現在の考古学研究では、自然科学の進展が及ぼす影響が大きく、従来の考え方を変更させるとともに、その問題点もあることをあわせて解説していきたい。

皇国史観

　明治期から昭和戦前まで弥生文化研究に限らず考古学を含めた日本史、とくに古代以前の研究は、『古事記』や六国史の記載が正しいとすることが前提で進められてきた。こうした文献に記載された、日本の歴史が万世一系の天皇を中心として展開されてきたことをもとに、日本の歴史を理解する方法、つまり皇国史観は明治新政府が天皇集権の国家体制を推し進め、この体制の正当性を国民に確認させるための証拠として、重要な概念だったのである。

　そのため、皇国史観の強制は言論統制として表れ、1886年に成立した「不敬罪」、1925年に成立、1939年改正した「治安維持法」によって強化され、皇室や国体（天皇制）を否定するような考えや活動は強く規制されていく。『記紀』を史料ととらえ批判的に検討した津田左右吉の著作が、発禁処分になった事件（津田事件）は、津田が左翼的な思想をもっていなかっただけに、その象徴的なできごととなった。また、古代史研究者では渡部義通、考古学関係者では後に貝塚研究で大きな成果を出した酒詰仲男（ペンネーム土岐仲雄）や古墳の地域研究や遺跡保存に大きな影響を与えた栗山一夫（ペンネーム赤松啓介）などが投獄され拷問を受けた（浜田2006参照）。このように戦前の状況で皇国史観以外の方法で研究を行うことは、研究者として正規には認められず、あるいは国家権力により身体的な拷問を受ける覚悟をもつことでもあった。当時研究をめぐる社会的な制約が存在していたことは、戦前の考古学研究を理解する上では欠かせない視点であることを理解する必要がある。そこでまず、考古学に影響を与えた『記紀』の記載を具体的に説明していこう。

『日本書紀』の概要

　『日本書紀』は 8 世紀に成立した国史・歴史書であり、大きく分けると日本の国の始まりの物語（神話の部）と、歴代天皇の事績を記載した（人皇の部：初代神武天皇〜41 代持統天皇まで）二つの部分に分かれている。人皇の部については、2 代綏靖〜9 代開化天皇までは『日本書紀』に詳細な記録を欠き（これを「欠史（闕史）八代」という）、初代神武天皇を加えた 9 人の天皇は、存在の信憑性が薄いと考えられる。『日本書紀』は神武天皇以来の歴代天皇が支配した土地（北海道と南西諸島を除く日本列島）を、豊葦原瑞穂国とし、その支配民族が大和民族であるという構成をとる。神武天皇の先祖は神の国である高天原という天空から、九州に降りてきた民族（天孫降臨族）であり、その後、神武天皇は先住民族を征伐しながら大和（奈良）に入り、最初に都を建てた（橿原宮）といったストーリーが展開される。こうした記載が、考古学研究に影響を与えたのである。関連した記載をみていこう。

天孫降臨：『日本書紀』巻第二神代下（原史料は漢文。現代語訳は福永 2005 を参照した。以下同じ）

　皇孫が生まれた。名を天津彦彦火瓊瓊杵尊という、そこで天忍穂耳尊が、「この皇孫を葦原中国に降ろしたいと思います」と述べたので、天照大神は瓊瓊杵尊に八坂瓊の勾玉、八咫鏡、草薙剣の三種の宝物を授けた。（中略）天照大神が瓊瓊杵尊に言うには「葦原の千五百秋に、瑞穂の実るこの国は、私の子孫が君となるべき国である。お前は皇孫なのだから、行って治めるがよい。天津日嗣は天地の在る限りとこしえに続くであろう」（中略）皇孫はそこで天の磐座を離れ、八重にたなびく雲を押し分け堂々たる威風に道を押し開き、日向の高千穂峰に降り下った。

まず「天孫降臨」と呼ぶ段である。『日本書紀』では、神代のこととして歴代天皇の祖となる天照大神の孫である瓊瓊杵尊が、高天原から日向の高千穂峰に降り立ち、豊葦原瑞穂国を治めたとされている。皇室の祖先が、天から降ってきたことは現実的にはあり得ないため、日本列島以外から来る、すなわち海の向こうからやって来たという発想を導くこととなる。そして、弥生文化が稲作を行っていたことが判明した後、日本で稲の原生種が存在しないため、稲は大陸から海を渡って伝来したと考えざるを得ないこととなる。稲作を行っていたことは、天孫降臨民族の末裔である大和民族（古墳築造民族）と弥生人との関係性を考える基準となった。さらに、先住民族と考える縄文人と弥生人の関係性、弥生文化の由来とその伝播などを考察する際に基底理解となり、戦前の教育を受けた研究者の心を制約する、影響力の強い記事と

神武東征：『日本書紀』巻第三　神日本磐余彦天皇（神武天皇）

神武天皇 45 歳の時に兄や子たちに言うには「（中略）天孫のこの国に降られてから、1,792,470 年余りである。しかし遠隔の地は未だ恩恵に浴さず、大きな村には君があり、小さな村には長があり、おのおのの境をつくり、侵しあっている。（中略）その年の冬 10 月 5 日に天皇みずから皇子たちや舟軍をひきいて東征した。

日本武尊東征：『日本書紀』巻第七　大足彦忍代別天皇 景行天皇

冬 10 月の 2 日、日本武尊は出発した。7 日通を曲げて伊勢神宮を拝み、叔母の倭媛命（やまとひめのみこと）に暇乞いをしていうには、「天皇の命を受け、東方に反乱したものどもの討伐に向かいます。」（中略）奏上して言うには「朝廷の命を受け東の蝦夷を征伐しました。神の恩恵と天皇の公威によって反逆者は罪に伏し、荒ぶる神も自然に帰順しました」

いえる。

　「神武東征」と呼ばれる段は、初代天皇神日本磐余彦（後の神武天皇）が
日向（宮崎県）から東に向かい、大和（奈良県）を征服する物語。神武天皇
はその後、橿原宮で即位したとされる。「日本武尊東征」と呼ばれる
段は、第12代景行天皇の皇子、日本武尊が伊勢－駿河－相模－上総－
陸奥（多賀城？）－日高見－常陸新治－筑波－甲斐－武蔵－上野－碓日坂
－信濃－美濃－尾張－近江（伊吹山）－伊勢を巡って各地を征伐し、伊勢
能褒野で死去したとされる。

　「神武東征」や「日本武尊東征」の記事は、大和朝廷に従わない民族
を征伐しながら服従させていく筋書きであり、後の畿内を境に西と東の
歴史環境の違いを鮮明にし、東日本（関東・中部・東北）は征伐の対象地域
とする姿勢が読み取れる。これらの東征記事は戦前・戦後にわたって展
開された、弥生文化伝播論や戦後の段階的な弥生文化の東方への波及が
あったとする考えに強い影響を与えたのである。農耕文化の光は、西か
ら順次東へ向かうという発想である。

　こうした発想の背景に、皇国史観の思考が根底にあったことを忘れて
はならない。例えばこれ以降の章で紹介されるように、戦前に弥生文化
の研究に邁進していた小林行雄や杉原荘介は、①弥生土器は大陸や朝鮮
半島に住んでいた稲作民が渡来して作った土器で、狩猟採集民の縄文土
器とは無関係であるとする（「天孫降臨」：小林1933a・1934b・1938、杉原1943）。
②その象徴的な土器が遠賀川式土器であり、遠賀川式土器の広がる過
程が最初の日本の稲作の広がり＝弥生時代前期となる（「神武東征」：小林
1933a・1938、杉原1943）。③弥生文化の特徴である稲作民の分布は、九州か
ら時間の経過にしたがって順次東方に広がっていった（「神武東征」「日本
武尊東征」：小林1933a・1938）。④伊勢湾以東の弥生土器には縄文土器の影響
が残り、これは両民族が接触したからである（「日本武尊東征」：杉原1936a・

1942）。といった内容は、『記紀』の記事が反映されている。そしてこうした見解は、当時一般化していたといえる（例えば後藤1941）。その後①や④は両者自身によって否定されるが（浜田2018参照）、重要なのは②や③の弥生文化を解釈する方法が、皇国史観に規制されない自由な発想での研究が保証された戦後になっても踏襲され、1980年代まで主要な学説であった点[1]である（例えば杉原1955の編年観：浜田2018参照）。戦前の研究方法の影響を、日本の考古学研究では一夜にして払拭することが難しかったことを物語っており、戦後の考古学が反省すべき点だといえる（近藤1964）。

　一方、19世紀後半に登場する唯物史観は、日本の考古学では皇国史観全盛の1930年代に導入され、それが戦後の研究法の母体となっていった。

唯物史観

　唯物史観とは、社会が変化する基本を物の生産ととらえる。生産はA.誰がどのような方法で生産するのか（生産力）、B.直接生産に従事する人とそれを取りまとめる人との関係（生産関係）によって成り立つ。社会が変化・発展していくのはこのA・Bが変化し、それに伴って社会形態も変化・発展していく、ということと筆者は理解する。この社会形態を「生産様式」と呼び唯物史観による人類社会の発展過程は世界的にほぼ共通しており、原始共産社会－アジア的－古典古代的－封建的社会－資

---

1)　②の問題点については、*Chapter*4を参照。③については、1983年に中期（青森県垂柳遺跡）、1987年に前期（青森県砂沢遺跡）の水田が確認されたことで、稲作の段階的伝播の考え方は訂正を余儀なくされた。詳しくは*Chapter*7を参照。なお、この問題は皇国史観の影響の少ない戦後の研究では、チャイルドに代表される文化の発生地から伝播する「光は東方から」の影響が基底にあると考える。

本主義社会と発展し、最終的には社会主義に推移する。これを歴史の法則化あるいは公式化と呼称し、人類社会は法則に沿って発展していく。以上のような考えを基本にして、演繹的に過去の歴史を復原していく方法が唯物史観である。

　また、戦後日本考古学の唯物史観で基本となる共同体論は、資本主義以前の社会において、生産の源である土地を支配（管理）する集団と、その集団を構成する個々人に存在する社会関係だと定義することができる（大塚1970）。人間は生まれながら集団に帰属している。モノの所有という点に焦点をあてれば、個人と集団での所有が存在する。農業を例にあげれば初期の段階では、収穫を高めるために個人ではなく、集団での農業経営が優先したことを想定するのは難しくない。そのため初期の農業社会では収穫物の所有は集団にあり、個人所有の比率は低いと考えられる。しかし、次第にこれを差配する特定個人が力をつける。そのためその関係性は不変ではなく、集団と特定個人との間で「所有」に対するせめぎ合い（唯物史観では「矛盾」）が増大することで所有に対する変革が起き、新たな経済体制・社会構造となっていく、とするものである。この変革には一定の法則があり、私的所有の無い無階級社会から私的所有の差ができる階級社会へ移行していくと規定する。

唯物史観の考古学への応用と『日本歴史教程』の刊行

　こうした理論的な唯物史観の日本考古学への導入の端緒を開いたのは、古代史家の渡部義通であった。彼は農業社会からが日本歴史である、というこれまでの史学者の考えに反対し、農業社会以前の研究の重要性を示し、先史日本の食料生産の様相を探る目的の論文を執筆した。そして石器時代末期／金石併用時代（弥生時代）に輸入された水稲が、歴史を論じる上で重要であるとの見方を示した（渡部1931）。生産と生産関

係が変化したことによって、社会が変化すると考える唯物史観にあって、狩猟採集社会から農業生産社会に変化した弥生文化は、分析対象としては格好のものであった。しかし渡部の論文は考古資料の用途や時代の特定について、当時の知識に照らしても多くの間違いを含んでいたものであった（詳しくは原1972、浜田2002a・2006参照）。

　著作を通して考古学資料の情報と理解の不足を痛感した渡部は、唯物史観による原始・古代の解明には、考古資料の理解が必要であることを自覚する。そのため、唯物史観を身につけた考古学者の育成を進め、和島誠一を見いだす。渡部は和島に唯物史観で書かれた通史『日本歴史教程』の「金属文化の輸入と生産経済の発達」（弥生文化の章）を担当させ（三澤1936、渡部1974）、和島は三澤章のペンネーム[2]で弥生文化を概観した。和島は弥生時代では、分業が果たした歴史的な役割が重要であるとする。彼は分業すなわち労働が専門化すれば、特定の労働で使用する道具が発達し、工人はその仕事に熟達し同じだけの労働力で多くの生産がなされる。当時の生産力が、石器時代に比べて一つの飛躍的発展を見たと述べる（三澤1936）。そして分業による製品が自らの集団の需要を超えた時、あるいは石材などの特産品が存在する場合、それが交換物として流通することを、福岡県今津・今山遺跡の玄武岩の磨製石斧を題材に論じた。それが列島外にも広がることに触れた上で、交易の統制は弥生文化には共同体的な規制をもとに存在していたが、古墳時代に世帯共同体が発生すると、次第に族長等が独占的な利益を得るようになり、階級発生への道筋が想定されるとした。この考え方は、唯物史観でなければ導き出せない研究成果である。しかし、この考えを突き詰めれば、神託で

2）　ペンネームでの執筆に当時の状況が反映されている。なお三澤名の原稿は、渡部と伊豆公夫が一節ずつ分担執筆している（渡部1974）。

ある日本の天皇制を否定することにつながる。当時、唯物史観を危険思想と見なしたのは、共産主義への警戒とともに、国体を破壊する思想であったことも大きな要因であった。

　また、『日本歴史教程』の刊行に先立ち、欄津正志が唯物史観による考古資料の解釈を行っている。石器時代（縄文時代）と金石併用時代（弥生時代）の生産・分業・住居・墓を比較することで、石器時代の無私有財産の社会から私有財産の保持・階級社会に転化した金石併用時代（弥生時代）になり、そして古墳時代へ変化する歴史を概観している（欄津1935）。和島は後に欄津の論文を評して、副葬品や内部主体（巨大な石槨）などから奴隷制などの複雑な社会組織を論じるには不十分であり、この問題は文献史学者との共同研究が必要とした（和島1937・1956）。しかし、純粋に考古資料だけで仮説を組み立てていくという方向性は現在では積極的に推進されており、欄津の研究の方向性は現在に活かされていると言える。欄津や和島の唯物史観による研究は、日中戦争に突入する時期にあたる。そして1937年以降左翼系出版に対する取り締まりがきびしくなり、彼らは研究や執筆活動の場を奪われ、和島らの活動も停滞した（ねず1947、渡部1974）。当時の言論統制が現在とは比較できないほど厳しく、研究者を規制していたことを理解する必要がある。

K. ウィットフォーゲルと G. チャイルドの理論

　唯物史観による研究は、ヨーロッパにおいても日本と同様に戦前から行われている。その中でとくに戦後の弥生時代研究に影響力が大きかったのは、カール・ウィットフォーゲルとゴードン・チャイルドの研究である。

　ウィットフォーゲルは、アジアにおいて灌漑用水をもととした社会・政治組織の研究を行った人物であり、戦前に訳書がいくつか存在する。

そのなかで 1939 年に既論文をあつめて翻訳出版された『東洋的社会の理論』では、中国で数年にわたった視察に基づいて、アジアでの農業社会における灌漑の重要性を指摘している。彼は灌漑用水などの水の規制が社会的に進むと、労働力の集約化が達成でき、それを総括する巨大経営集団が何千もの中小経営集団に勝利して、次第に制度化していくという道筋を立てた。そして大規模な灌漑とそうでない灌漑によって歴史的な展開が異なり、前者が中国であり水の規制を国家的に行う灌漑社会となり、東洋的専制国家に発展するとした。一方後者が日本であり「アジア的」な要素（専制化する要素）をもちながらも、分権的な支配構造となったと指摘している[3]（ウィットフォーゲル／森谷・平野訳 1939、都出 1989）。後述する戦後の研究（例えば近藤 1959、広瀬 1997）において、弥生集落の集団を結びつけ、あるいは階級の発生を灌漑を基礎にして考察する方法は、すでに戦前に用意されていた。

　このウィットフォーゲルよりもさらに強く日本考古学に影響を与えたのは、チャイルドとされる（安斎 2004）。彼の著作が戦前の日本にどの程度普及していたのか不明だが、翻訳書として戦前に 1 冊、戦後に 5 冊が刊行されている[4]。

---

3)　森谷・平野の訳で「封建的」の内容をどのように扱うかで大きく変わるが、日本の灌漑については「灌漑のゆへに一の『アジア的』色調を帯びるとはいふものの、本質上一種の分権的なる封建的構造を有するところの一生産組織の発達となったのである」（ウィットフォーゲル／森谷・平野訳 1939：p.118）としている。

4)　チャイルドの初期の著作 The Down of European Civilization（出版は 1925 年）は、日本でも昭和戦前に京都帝国大学の講義で使われており（チャイルド／ねず訳 1951、三森 1989）、抄訳として甲野勇と小林行雄が「新石器時代」の項目を執筆している（甲野・小林 1934）。しかし、このうち最初の序説部分は、甲野の依頼を受けて山内清男がいくつかの蔵書を参考に執筆した原稿であった（山内 1969d）。また、この時、チャイルドの下訳を山内の蔵書を使って改訂した、とあるので山内が原書を所蔵していたことがわかる。The Most Ancient East（1928 年）は、邦題『アジアの古代文明』（チャイ

1936年に初版が出版された *Man makes himself* は、邦題『文明の起源』（チャイルド／ねず訳 1951）として戦後邦訳された。この著作の特徴は進化論と経済をもとに、人類の繁栄は人口増加によって示され、これが人類の進歩の証になると考えた点である。そしてその転換を革命ととらえ、人類最初の革命が農業を開始して食料を安定的に供給することが可能となった段階で、これを「新石器革命」とした。最初の革命が進み自給自足の村落から、国家的に組織され人口の多い都会が出現することで、社会が大きく変化したとする第二の革命「都市革命」の提唱とともに、この二つの革命が後述する縄文時代との時代区分（例えば佐原 1975b）、弥生都市論（例えば乾 1996、広瀬 1998）として 1970 年代以降、研究されることとなる。ただし、弥生文化が農業、とくに水稲耕作を行っていたことの提唱は中山平次郎の 1923 年、生業の違いで時代を区分する提案が山内清男の 1932 年であるので、チャイルドの新石器革命を日本の考古学では先んじて取り入れていたこととなる。しかし、こうした戦前の考古学研究の学問的蓄積は、戦前の社会体制下では活かすことができなかったのである。

戦後の唯物史観

　戦前に「国体」を揺るがす危険な思想として排斥されていた唯物史観（史的唯物論、弁証法的唯物論、マルクス歴史学等とも言う）は、戦後に皇国史観の

ルド／襧津訳 1944）として翻訳されている。また、戦前に刊行されたチャイルドの書籍、*Man makes himself*（1936 年）は邦題『文明の起源』（チャイルド／ねず訳 1951）、*What Happened in History*（1942）は邦題『歴史のあけぼの』（チャイルド／今来・武藤訳 1958）、*History*（1944 年）は邦題『歴史学入門』（チャイルド／襧津訳 1954）として刊行された。戦後刊行された *Piecing Together the Past*（1956 年）は邦題『考古学の方法』（チャイルド／近藤訳 1981）、*A Short Introduction to Archaeology*（1956）は邦題『考古学とは何か』（チャイルド／近藤・木村訳 1969）として刊行されている。

信用性が凋落することによって、この時期から研究を開始した人びとに影響を与えることとなる。唯物史観の公式的な考えにあてはめれば、血縁関係を原初的な結びつきとする原始共同体（縄文時代）から、農業を取り入れて必ずしも血縁関係によらない農業共同体（弥生時代）に変化する過程が想定できる。そのため、縄文時代との比較の上で、弥生時代の生活の道具がどのような発達をとげ、広域に流通するモノが社会の変化をどのように促したのか。集落や墓の構造を分析し当時の人びとの関係性－身分差や階級差・階層差－を知ることができるのか、といった項目が研究、議論の対象となっていった。そこで、次に戦後の弥生文化研究での代表的な共同体研究について解説していこう。

和島誠一・近藤義郎・都出比呂志の共同体研究

戦前に唯物史観の方法で執筆歴のある和島が、戦後に示した共同体研究は集落を題材にしたものであった（和島1948）。和島は縄文時代の集落は同質の竪穴が集まっていたのに対して、弥生時代には大規模になり、溝等で囲われた数個の住居が集まった一単位が現れることを、農業の発達に伴う集団の関係性の変化を背景にもつと推測した。さらに古代にいたると竪穴住居が小規模化し、竪穴間で出土遺物に違いが見いだせない状況に対して、古代大島郷の養老5（721）年の戸籍を参考に、大家族の構成員が世帯を分離していた姿と解釈し、弥生集落のような溝で囲まれた現象はみられないと結論づけている。和島はこの論文で住居の規模・形態差、環壕や竈の存在などから、集落を構成する人びとが、どのような関係にあるのか、また各時代の集落を比較することによって、唯物史観上でどの発展過程にある集団なのか、ということを確認しようとしたといえる。これが戦後の共同体（集落）研究の出発点となった。

近藤義郎は戦後、弥生時代の共同体論を和島とともに発展させた研究

者である。近藤は弥生時代の遺跡の分布から、前期には後背低湿地（低地の自然堤防に隣接する湿地）が耕地の対象であったものが、中期以降に谷水田の開拓が行われていたと考えた（近藤1952）。そして、この仮説をもとに谷を眼下に望む台地上の数棟で構成される小さな集落は、生産と消費を同じくする共同体（これを「単位集団」と名付けた）であり、谷水田を経営する単位ともなりえたと仮説を立てた（近藤1959）。低地においては、水稲耕作に伴う治水施設の管理と運営を通じた単位集団の結びつきが存在したと説いた（近藤1966）。これが農耕社会の一つの共同体モデルとして影響力をもったが、谷水田については実際に確認したものではなく、未検証の仮説のまま、それを前提として論が展開された点を見逃してはならない（浜田2007b）。

　1950〜60年代の和島・近藤の共同体論は、1970〜80年代に都出比呂志によって深められていく。都出の理論は近藤の「単位集団」をいくつかの世帯を含んだ血縁関係の強い集団であるとして「世帯共同体」ととらえ直した（都出1970）。弥生農業は人口増加をもたらし、耕地の拡大を指向するようになり、弥生中期には新たに沖積地の開拓に進む。「半湿田」の開発は大規模な労働編成を必要とし、それまでの血縁的な結びつきにとらわれない集団形成が行われた。また、耕地の占拠や水路の確保をめぐり世帯共同体間の利害が絡むことから、世帯共同体のいくつかが集まって新たな結合体を生み出すこととなる。この結合体を「農業共同体」とした。都出のこの論理展開は唯物史観の根底にある「発展史観」を前提としているが、前期初頭の水田（板付遺跡）が、灌漑用水を完備したものであったことが1970年代後半に提示されたことを受け、弥生農業は当初からさまざまな立地条件に適応しうる高度なものであったと考えを改めた（都出1984）。

　和島・近藤・都出らによって展開されてきた共同体研究は、それまで

遺物偏重にあった考古学研究に対して、当時の社会構成や集団の関係性を論述し、具体的な社会復元を行ったことに特色がある。そして、文献史学者と共通の方法がとられたことで先史時代から古代を結びつけ、通事的な「日本歴史」の姿を提示したといえる。1950〜70年代を通して日本考古学を志した研究者には、こうした共同体論を通した社会復元に影響を受けた者も多いが（筆者も例外ではない）、その背景に先述した戦前に提起されたウィットフォーゲルやチャイルドの唯物論的な考古学研究法が大きな影響を与えていたことがわかる（例えば近藤1959、佐原1975b）。しかし、次第にチャイルドなどが実践した方法論が見直しされるようになる。

新たな研究方法の提示

　チャイルドは、ヨーロッパの先史時代の文化はメソポタミアなどの近東（オリエント）に源があり、エーゲ海から地中海を通して伝播し、東方から影響を受けたと考えた。年代は、メソポタミア・エジプト・エーゲ海での実年代が判明する資料との類似性をもとに算出する。その前提は、「先史時代のヨーロッパ文化は、同時代のオリエントの文化よりも貧弱である。すなわち、ヨーロッパにおける文明は、オリエントよりも新しい」（レンフルー／大貫訳1979：p.29）とするものであった。しかし、1949年にリビーが放射性炭素 ^{14}C 年代測定法を開発し、それ以降、微量元素分析・同位体分析などの自然科学的な方法の応用が進んできた。いくつかの測定を行った結果、ヨーロッパの文化はオリエントよりも古い事象があることが証明され、チャイルドの伝播論は成立しないことが判明してきた。また、1940年代後半に文化はほかの文化だけではなく、環境とも相互に作用しあっているとした、スチュワードが提唱した「文化生態学」の影響を受けたゴードン・ウイリーの研究が登場した。さらに1950年代前半に行われたクラークのイギリス、スター・カー遺跡の発

掘で、食料や古環境に対する新たな考古学研究法の可能性が示されてきた（レンフルー＆バーン／池田ほか訳 2007）。そうした背景のもとで 1960 年代に、チャイルドに代表される伝播論の解釈を否定したのが、アメリカで展開した「ニューアーケオロジー」（後の「プロセス考古学」）である。

　チャイルドが考える「文化」は、「頻繁にみられる考古学的型式の一定の組合せ assemblage」（チャイルド／近藤訳 1981：p.26）であり、この文化が繰り返し確認できれば「それら諸型式が同じ社会、（中略）同じ共通の伝統を感じている人々に使用されたことをも想定する」（同：p.26）とするものだった[5]。そしてこれらの assemblage を構成するすべての型式（遺物）は同じ編年的座標軸をもつこととなり、それらの遺物の類似と影響を受けた中心地からの伝播をもとに編年を組み立てていく。

---

5)　チャイルドの定義付ける「文化」は、日本で使用されている文化とはニュアンスの異なるものである。日本では二つの文化の使い方がある。一つは時代名称と文化が一体となり、例えば「弥生時代を「日本で食料生産に基礎をおく生活が始まってから、前方後円墳が出現するまでの時代」と定義して、この時代の文化を「弥生文化」、この時代に作られ使われた土器を「弥生土器」とよぶことにしたい」（佐原・金関 1975b：p.23）と解釈する文化である。この解釈には今、疑義が表明されている（松木 2011・2020）。もう一つの使い方はチャイルドの規定する「文化」に類似するもので、日本では土器型式をもとにする、同一土器型式の時間内に使われた遺物・遺構の総体という解釈が代表である。「〇△式土器文化圏」などという言葉で表されることも多い。しかし、この「文化」の定義もチャイルドの用法とは同義ではない。チャイルドは「文化」を「いくつかの遺跡できまって発見される同型式の組合せを文化と呼ぶ」「一群の人間、つまり一社会の全成員に共通する行動の型を表現するのに文化なる用語をもちいる」（チャイルド／近藤・木村訳 1969：p.12）と規定し、「文化」とは共通する行動の型をもつ人間集団だと想定する。チャイルドの文化はオリエントからヨーロッパを含めた、異なる自然環境と生活のなかで生長した民族を峻別するために考えられた方法である。日本では列島で展開した縄文人と弥生人、あるいは弥生人のなかで異なった土器や器物を使用するという事例を想定していない。強いてチャイルドの用法を準用すれば、弥生時代における日本・朝鮮半島・中原地域の民族に付随する文化といった範疇の区別であろう。

レンフルーとバーンによればニューアーケオロジーが誕生する要因は、こうしたチャイルド流の考古学編年と文化の理解に対する研究姿勢への不満であった、という。オリエントから順次人びとが移住しながら、文化が伝わっていくとする従来の方法では、文化の変化について人びとの移住や影響という説明以外に何も提起していないため、プロセス考古学を先導したビンフォードは次のように解決しようとした。「ある文化が他の文化に「影響」を与えるといったいささか曖昧な議論を避けて、むしろ文化を、いくつかのサブシステムに細分することのできるひとつのシステムとして分析しようとした。したがってかれらは、それまでのように遺物の型式学や分類を強調するのではなく、それ自体に備わっている生業や技術、社会的サブシステム、イデオロギー的サブシステム、交易、人口などの研究に向かうこととなった」（レンフルー＆バーン／池田ほか訳 2007：p.41）。これは遺物や遺構に付随するさまざまな属性をさまざまな方法で解明していき、最終的に人類の過去に何が起きたのかを説明することを、考古学の目的とする、ということであろう。

　こうして 1960 年代に英米で始まったニューアーケオロジー研究は、1980 年代後半にその方法論を批判したポストプロセス考古学の台頭を促しながら、現在も引き続き英米では考古学の主要な研究方法となっている。こうした研究方法の日本への導入は、1983 年の阿子島香や後藤明が嚆矢となった（阿子島 1983、後藤 1983）。それ以降 1990 年代に安斎正人によってこれらの方法を基とした「理論考古学」を解説する書籍（安斎 1990・1994・1996）、プロセス考古学の手法で弥生時代を記述した書籍（中園 2005）、認知考古学で記述された通史（松木 2007）等が出版されている。

新たな研究方法と日本考古学

　プロセス考古学は唯物史観に基づいたチャイルドらの、伝統的な考古

学に対する新たな研究方法の開発であった。しかしそれまでの唯物史観の研究を全面的に否定したわけではなく、歴史の変化の過程を理解しその解明を試みようとした点で両者は同じ目的をもっていた。違いは、唯物史観が社会階級間の闘争という視点に拘泥したところであった（レンフルー＆バーン／池田ほか訳 2007）と説明される。1989 年のベルリンの壁撤去以降に、唯物史観が最終の発展形態とした社会主義の国家体制の崩壊が現実となり、唯物史観の歴史法則あるいは発展史観や、それを生み出す原因としての階級闘争に対して、その確からしさへの疑問が増大した。それによって、唯物史観による日本の考古学研究は急速にその影響力を減じていくこととなった、と感じる。

　ただし、現状においてプロセス考古学が日本の考古学研究の主流になりえているとは言えない。その理由の一つは編年研究の推移が、欧米と日本とでは異なっていたからである。チャイルドらの伝統的な考古学の弱点は、古く遡れる絶対年代のわかる史資料がほとんど無かった点である。それを補うために近東やエジプトといった「起源地」出土資料に類似するモノ、あるいは移住を原因とする文化の流入はそれが伝播するのに時間がかかる、ということから年代を決定したのである。日本でも年代のわかる資料がないという点では同じであるが、弥生時代でいえば中国歴代王朝の年代の判明する資料が出土することで、年代を決定できる利点があった。1917・1918 年に北部九州での甕棺に副葬された古銭や中国鏡から、弥生土器の年代が紀元前後（前漢－新－後漢）の時期に一つの定点をすえることができたのは、その大きな成果である（中山 1917b、富岡 1918）。そして、この説は現在も修正しないでそのまま利用することができ、その方法の正しさを証明している。過去の出土物にヨーロッパほどの年代的破綻を日本の考古学が招かなかったのはこうした点が大きい。

　また、ビンフォードが提唱するプロセス考古学で用いる中間理論を安

斎が紹介しているが、それらの実践のなかにはすでに日本で行われていたことも少なくない[6]。ビンフォードは中間理論として、①歴史考古学、②実験考古学、③民族考古学が存在するとした（安斎2004）。歴史考古学は文献によって両者の間を埋めるものであり、日本では奈良時代以降を扱う考古学研究に採用されており、その利用の精度を問わなければ戦前の段階ですでに採用されている。民族考古学は、主に現存する狩猟民や遊牧民などと生活をともにし、その生活を記録する方法（民族誌）を援用し、遺跡出土の遺物などの考古学データを推測する方法である。日本では民族誌を援用した方法ではないが、民俗事例を援用した方法、例えば1930年代に唐古遺跡出土の木製品が現代の農耕具との関わりのなかで、杵・臼、鍬、鋤などとして使用目的を特定できた事例をその代表例としてあげることができる。このことは、従来の考古学の研究法にすでにプロセス考古学の方法が一部ではあれ取り入れられており、従来の方法の延長としてとらえられたと言える。さらに、自然科学的な方法の導入も、戦前に銅矛（佐藤1900）や漢鏡の成分分析（近重1918）が行われていた。

　こうしたプロセス考古学で採用された研究の素地が、それまでの日本考古学にはあったため、パラダイムシフトを経験させるような変革とはなっていない。ただし、プロセス考古学で重要視した自然科学の積極的応用ということに関しては、現代の考古学を支えている方法だといえる。日

6）　安斎正人によれば発掘調査で得られる考古学資料から、それらの資料を残した過去の社会を直接説明することはできないとして、両者を仲介する研究が必要であるとする。この仲介する研究が、ミドルレンジセオリー（中間理論）である。本文に紹介した以外でも歴史考古学については、近世考古学に絵図面、民具も含め活発に利用され成果があがっている。実験考古学では、日本でも1960年代に紹介された石器の使用痕分析が、芹沢長介を中心とした東北大学のグループによって1980年代には開始されている。また、1970年代の渡辺誠による民俗事例から検討した、縄文時代の堅果類の食料加工の工程復元（渡辺1975）などもある。

本での自然科学的な方法を考古学へ応用するのが盛んになってきたの
は、文部省科学研究費特定研究として自然科学と考古学に関するプロ
ジェクトが 1976〜78 年、1978〜1980 年、1980〜82 年に実施されたこと
が大きい[7]。現在でも自然科学的な手法を用いた年代測定[8]、産地推定、
成分分析、古環境分析、DNA ゲノム分析、食性分析、土器圧痕研究な
どは、考古学資料の分析に一般的な手法となっている。それまで自然科
学者が分析していたことを、考古学研究者が自ら行うことも盛んになっ
てきた。こうしたことは考古学の研究にとっては歓迎すべきことであ
り、今後も自然科学的な方法は、仮説の検証を行うために重要視されて
くることは間違いない。

　しかし、自然科学的な方法の成果について無批判に受け止めることを
してはいけない。先に述べたように 20 世紀後半に間違った自然科学の

---

7)　1976〜78 年は「考古学・美術史の自然科学的研究」、1978〜1980 年は「自然科学の
　　手法による遺跡古文化財等の研究」、1980〜82 年は「古文化財に関する保存科学と人
　　文・自然科学」であった。これが、1982 年の「日本文化財科学会」の結成の母体となっ
　　た（浜田 2018 参照）。

8)　1949 年にリビーによって開発された放射性炭素年代測定法は、放射性炭素 ^{14}C の濃
　　度を測定するもので、開発当初は炭素 14 原子が壊変（放射線を出しながら窒素に変
　　化）していく現象を利用して、壊変する際に放出する β 線をカウントして測定してい
　　た。しかし、この方法では別の放射線もカウント（バックグラウンド）する可能性が
　　あった（浜田 1981）。つまり誤差が大きかったのである。こうしたことを解消したの
　　が、1970 年代末に開発された加速器技術を用いて、^{14}C 原子を直接計数する方法であっ
　　た。加速器分析法（Accelerator Mass Spectrometry）と呼ばれるこの方法は、試料炭素
　　量が 1 mg 程度でよく、バックグラウンドも低く抑えられる、年代測定における誤差が
　　± 20〜± 40 年と高性能を示すなどの利点があった（中村 2001）。本書では以下「**AMS
　　法**」と呼ぶ。

　　　この方法を使い、歴史民俗博物館の研究チームが「縄文・弥生時代の高精度年代体
　　系の構築」をスタートさせたのが 2001 年で、弥生時代の開始が従来よりも大幅に遡る
　　結果を発表したのが、2003 年の 5 月であった（藤尾 2013）。

成果を取り入れ、前・中期旧石器遺跡捏造に荷担した教訓を忘れてはならないのである（浜田 2018 参照）。自然科学的な手法の限界や論理的過程の検証の問題点を、こうした問題を再び起こさないためにも、我々は知っておくべく必要がある（浜田 2018 参照）。また、自然科学の方法で出された結論に対して考古学的にどのような解釈を行うのか、も重要な問題である。例えば弥生時代に稲以外の穀類が栽培されていたか。されていればそれらの穀類は、栽培した弥生人にとってどのような位置づけをもっていたのか、という問題がある。この問題には、レプリカ・セム法を用いて土器の表面に付いた圧痕から、イネ・アワ・キビ・マメなどが存在しているデータと、炭素・窒素同位体比分析法を用いて人骨を分析し、中期後半以降は水稲の摂取の割合が高いというデータがあり、これをどのように解釈するかで意見が分かれている（橋口編 2020）。こうした自然科学の方法で分析した結果に対して、その方法に技術的・論理的な間違いがないのであれば、両方の結果を統合して判断していくのが最良であろう。どちらか一方のデータだけでこうした問題を判断することは、科学的な態度であるとは言い難い。

　人類の過去を解明するための方法に、絶対的なものはない。あるのは過去の研究に疑問をもち、その方法の不備や瑕疵を把握して、その誤りを正していくやり方である。そのきっかけになるのは新たな発想や技術であり、それを作り出す社会である。方法論が社会的な影響を受けるのは、そうした意味からも必然のことなのである。

土器の理解

土器は何を表すのか

≡ 概　要

　土器は時間的に永く、大量に作られ遺跡から出土する最も一般的な遺物である。土器は日常道具として使用頻度が高く破損しやすく、製作する頻度もまた高い。そのため、道具の移りかわりをよく反映する遺物でもある。また、腐食することなく数千年も残ることから、考古学の研究材料として最も優れた資料の一つであるといえる（山内 1935）。

　とくに縄文土器や弥生土器は地域によって、また時期によって形や文様が変わり、その変化が多彩である。そのため、日本の考古学の黎明期から「土器」に対する関心は高く、多くの研究が行われてきた。その研究の流れを大まかに述べれば、1870 年代後半から 1920 年代前半（明治から大正）までは、土器は製作した民族（各地にさまざまな先住民が住んでいたと想定）を表すものであり、縄文人と弥生人、そして古墳を作った人びとは、同時期に日本列島に生活していた、と解釈されていた。それが 1910 年代後半から 1940 年代前半（大正から昭和戦前）にかけて、土器の形や文様の相違は製作された年代の差であると認識されはじめる。そして、一括りにしていた縄文土器や弥生土器にも時間差があるとする研究が示された。それを受けて、1970 年代まで縄文土器を使用していた時代が縄文時代、弥生土器を使用していた時代が弥生時代という、時代区分の基準としても活用されてきた。こうした土器に対する認識の変化が、具体的にどのような内容であったのか。この Chapter で解説していく。

土器とは

　この *Chapter* を解説する前に、「土器」に対する定義や理解する背景について、簡単に述べておこう。

　土器の定義はいくつか存在するが、次の考え方がわかりやすい。土器は釉薬（ガラスコーティング）を意識的にかけない素焼きの器で、釉薬のある陶磁器と区別する。陶磁器は窯で 1200℃ 前後の温度で焼かれるが、土器はたき火あるいは燃料で覆い、800℃ 前後で焼かれたため、前者に比べて軟質となるのも大きな違いである。

　土器と陶磁器の中間の要素、釉薬はないが窯で生産されるものに須恵器（祝部土器・齊瓮土器・行基焼とも呼称されてきた）があるが、この土器研究の説明には須恵器の研究は含めないで論述していく。須恵器は古墳時代、陶器は平安時代末、磁器は江戸時代初期から生産されるが、それによって土器の製作が無くなったわけではない。古墳時代〜古代には土師器（埴瓮）、中世からはカワラケ（漢字表記は「土器」）と呼ばれ、現代でもカワラケは神事で使い捨て用の皿として使われている。こうした背景もあり、研究の当初は現在の土師器も弥生土器の範疇として扱われていた。神道行事が今よりも生活に密着していた明治期の状況は、土器研究の最初の段階に大きな影響を与えていたのである。

　また、縄文土器は装飾が華美で、弥生土器は装飾が少なくなるが、地域によっては古い段階にも文様があり、あるいは弥生時代の終末まで文様が残る地域もある。後述するように最初の弥生土器は貝塚から出土したこともあり、研究の当初は現在の縄文土器・弥生土器は同じ「石器時代」の土器として認識されていた。弥生土器を語るためには、縄文土器の研究から始めなければならないのはこうした理由がある。

大森貝塚と陸平貝塚の発掘

　日本における土器の研究は、大森貝塚の調査成果から始まる。大森貝塚は、1877年アメリカ人 Edward Sylveste Morse（以下、モース）が発掘調査した縄文時代後期・晩期の貝塚で、東京都品川区大井6丁目にある[1]。モースは報告書のなかで、大森貝塚の特徴として膨大な量の土器が出土したことを述べ、これらの土器を「Code marked Pottery」（後に「縄紋土器」と翻訳される）と呼んだ[2]。口縁部が突起や環になったものが多いことも指摘し、世界各地の土器と比較している。また、煮炊き用の土器・手に持つ土器・水入れ用の土器などと分類し、硫化水銀を塗布した土器の存在も報告する。出土した土器は左右非対称であり、厚みも場所によって異なっているので、轆轤（ろくろ）の使用がないとする。補修孔がありこの孔が真ん中で細くなっているので、両側から穿孔されていることなど、現在でも論証として成立する意見を述べた（E.S.Morse 1879）。そしてこれらの土器が日本の先住民族である石器時代の人びと、アイヌにつながる人びとが製作した、とする考えを講演会などで広めていった。

　1879年にはモースの薫陶を受けた佐々木忠次郎・飯島魁（いさお）によって茨城県陸平（おかだいら）貝塚の発掘が行われ、大森貝塚とは異なった土器が出土した。佐々木と飯島は現在縄文時代中期に位置づける加曽利E式を「陸平式」、

---

1)　大森という地名は品川区には存在しない。しかし、モースら関係者は調査当時から貝塚の所在地を大森村と誤認していたという。正式には大井村であったことが、地主に払った代償地代書類から判明している（モース／近藤・佐原訳 1983）。

2)　明治～大正頃までは現在呼称する縄文時代は石器時代、その土器を石器時代土器などと呼称することが多かったが、ほかに「貝塚土器」「アイヌ（アイノ）土器」「索文土器」「席文土器」（むしろもん）などの名称があった。また、土器に残る縄目の痕が、撚り紐を回転させてできる回転縄文であることが理解されるようになったのは、山内清男がこの原理を発見した1931年（山内 1964a 参照）からである。

第1図　陸平貝塚出土の土器
左：陸平式　右：大森式
(Iijima and Sasaki 1883 原図)

大森貝塚出土土器と同じく、現在後期に位置づける堀之内式や加曽利B式を「大森式」と区別した（第1図：Iijima and Sasaki 1883）。しかしモースの教えを受けた学生は、昆虫学や動物学に進み、あるいは夭折したため、モース直系の考古学は途絶える。モース後、日本の人類学（考古学）を主導するのは、1877年大学予備門に入り、1881年東京大学理学部生物学科に入学し、1893年に帝国大学で人類学講座教授となる坪井正五郎であった。

弥生土器の発見

　大森貝塚から7年後、陸平貝塚の報告の翌年、1884年に東京市本郷区弥生町向ヶ岡（現文京区本郷）の貝塚で、坪井正五郎・白井光太郎・有坂鉊蔵は上部が欠損した壺を掘り出した（坪井 1889）[3]。これが後に「弥生式土器」と呼ばれる土器である（第2図）。この壺は貝塚から出土したこと、土器の肩にあたる部分に縄文が施されていることもあり、当時の坪井の理解では石器時代土器（縄文土器）と同じであるという認識であった。向ヶ岡貝塚からはほかに石器時代の土器（現在の縄文時代

---

3)　有坂によれば、1883年に上野の新坂（鶯谷に降りる坂）の貝塚から弥生式土器を発見している（有坂 1923）。翌1884年の初めに、向ヶ岡貝塚から有坂が壺を掘り出し、3月に坪井に託したとする。この壺の小さな貼り紙に書かれている「向ヶ岡発見」の文字は有坂の自筆であるという（有坂 1935）。

後・晩期の土器）も見つかってお
り、発掘事例がほとんどない黎
明期にこうした認識にいたるの
もまた、当然であったといえる。
しかし類例が増えると同じ時期
に活躍した蒔田鎗次郎のように、
縄文土器・古墳出土土器と比較
し違いが存在していることをす
でに見抜いていた者もいた（蒔田
1904、浜田 2018 参照）。

第２図　向ヶ岡貝塚出土の弥生土器
（坪井 1889 原図）

　弥生式土器は、発見当初はこ
のように石器時代土器（縄文土器）の仲間と考えられていた。しかし 1893
年に坪井が行った東京府西ヶ原貝塚（現、北区）で、向ヶ岡貝塚と同じよ
うな文様をもったものが出土し（八木 1902a）、同年と翌年に岩代国安積
郡富田村（現福島県郡山市）からも、類似の土器の出土が確認できた（犬塚
1893・1894：ただし、この土器は現在の認識では奈良・平安時代の土師器である）ため、
縄文土器とは異なる種類の石器時代の土器という意味で、「弥生式」と
いう名称が、帝国大学人類学教室で広まった（八木 1898b・1902a・1906）。ここ
から、「弥生式土器」が意識されるようになる[4]。ただし、この頃の「弥
生式土器」は、縄文土器に対して紋様の少ない、現在の知識でいう弥生

4)　柴田常惠は、1894・95 年頃の名称のいきさつを次のように説明する。「段々に帝大の
　人類学教室の戸棚が賑やかに為って来たが（中略）それでは石器時代や古墳の土器も
　同様で、区別が出来ぬと云う所から、土器の性質が十分に明白になるまで、仮称とし
　て弥生式土器なる札紙が人類学教室で貼られ、以て来館者にも区別のつく様にせられ
　た」（柴田ほか 1933a：p.37）。弥生式土器の名称が、このように貝塚から出土する土器
　で縄文土器とは異なる、弥生町の貝塚から出土した種類の土器という意味合いで弥生
　式土器と呼称していたことがわかる。

時代から平安時代までの土器も含めていた[5]。そのため「弥生式土器」の概念規定が研究者間で一定でなく、取り上げる資料も研究者によって異なり、実際には複数の時代にわたる土器を「弥生式土器」として扱って議論することとなった。このことは、以後の弥生土器や弥生文化の研究に混乱をもたらすようになる。

　弥生土器はこうした過程を経て認識されてきたが、現在のように縄文時代に続き、古墳時代に先んじる独立した時代であるという認識ではなかった（この認識は昭和初年に提案される）。むしろ明治〜大正期の研究では、弥生式土器を使用している民族は、縄文土器を使用する民族とは異なるが、同じ時に日本列島に棲息していた、という認識が強かった。そして、これは古墳を築造した大和民族（現代日本人の祖）との関係でも問題となった（浜田 2018 参照）。この当時は土器の違いは民族の違いであることを前提に、土器を理解したのである。

土器の地域差と時間差の認識

　弥生土器が縄文土器と異なっているという認識をもちはじめた西ヶ原

---

5)　岩代国の出土地の調査を坪井の代わりに行った鳥居は、「この土器は決して縄文土器ではない。無紋様の素焼土器で(中略)この種の土器はこれまで手をつけたことはなかったが、けだしこれは日本人の原史時代から歴史時代の初期までにおこなわれた埋甕の一種で、時代は歴史時代初期のものであろうと思われ」（鳥居 1953：p.93）と記し、この時点で岩代国富田村出土土器を的確に把握している。しかし、弥生式土器をめぐり同じ帝国大学に属する大野延太郎（雲外）が、弥生式土器を古墳時代以降にも存在するという考えを持っていたが、同じ人類学教室員として是正することを行っていない。これが当時の記録に基づいたものでなければ、1953 年当時の理解であろう。なお、『延喜式』の記載に「土師器」、「陶器」があり、三宅米吉は、古墳から出土する素焼きの焼物を「土師器」、朝鮮から伝来した硬質の焼物を「陶器」(現在の須恵器)だとした（三宅 1894・1897）。しかし、その後も土師器は「埴甕」、須恵器は「祝部」「齋甕」「祝甕」（読みはすべて「いわいべ」）と呼称することが多かった。

貝塚の発掘と同じ 1893 年に、八木奘三郎と下村三四吉は茨城県椎塚貝塚、翌 1894 年に千葉県阿玉台貝塚を発掘する（八木・下村 1893・1894）。両貝塚の発掘を通して、縄文土器には大森貝塚・椎塚貝塚で主体の大森式（薄手の土器）と、陸平貝塚・阿玉台貝塚で主体の陸平式（厚手の土器）が存在することが再確認された。そして両土器の相違は、地域差や時間的な差を示すのであって人種の差ではない、と問題提起する。人種は同じでも地域によって土器紋様が違っているという根拠を、現代でも日本の数里離れた場所の風習や器物が異なることからも理解できるとし、数千年昔であればなおさらであると述べている。また、時間的な差は貝塚を構成する貝殻が、淡水・鹹水どちらが主であるかで決定できるとする。その原理は古い時期には海岸線が内陸にあり、時間の経過とともに現在の海岸線になるとする前提に基づいて、淡水が新しく（海が退いた後に形成）、鹹水が古いとする。陸平式を出土する陸平貝塚・阿玉台貝塚はともに淡水性の貝類が多いため、鹹水性の貝類が多い大森式を出土する大森貝塚・椎塚貝塚の方が古いという方法であった。しかし、必ずしも大森式が鹹水性の貝類、陸平式が淡水性の貝類で構成されているわけではなく、大森式が古く、陸平式が新しいという推測は無理があった（ただし、内陸にある貝塚ほど古いという考えは、昭和戦前まで活用される。甲野 1928・1935 参照）。現代的な知識では大森式が新しく、陸平式が古いこととなる。

　縄文土器がタイプによって製作時間に差があるという正しい認識は、その後、これを否定する論説によって下火になっていく。山内清男は 1898 年から記載が無くなるとして、弾圧があったのではないかとしている（山内 1970）が、詳しく書き残してはいない。弾圧があったかは別として、八木と下村が椎塚貝塚、阿玉台貝塚を発掘した両年に起きたある新事実の発見とその解釈が影響し、層位的な研究が本格化する 1918 年頃まで、土器の相違を時間差と考える研究は停滞したと筆者は推測する。

遺物包含層の発見と時間差の否定

　その新事実の一つは、1893 年に鳥居龍蔵が武蔵国北足立郡貝塚村貝塚で、初めて貝層の観察を行い、出土土器との関係について下した解釈である。鳥居は灰を挟んで上下に分かれる貝層から出土する土器を比較し、形態・胎土・文様が同じであることを報告し（ただし、図示はしていない）、両貝層から出土する土器は、「同一ノ物タルヲ認ム」（鳥居 1893：p.73）と解釈した。翌 1894 年、もう一つの発見として大野延太郎と鳥居龍蔵は、貝塚以外では遺物が地下に埋蔵されていることを初めて発見したことである。東京都国分寺駅周辺で、地上から約一尺内外の地下に、約二

第3図　東京国分寺の「遺物包蔵地」略図
（大野・鳥居 1894 原図）

尺程度の厚みで石器時代の遺物が含有していた。遺物が含まれている層を「遺物包含層」とし、遺物包含層の上に堆積している、地表面より一尺前後の土（表土）は、石器時代から現在までに堆積した時間を示していると理解した。遺物包含層の遺物は水平ではなく点々と存在し、最上にあるものと最下にあるものと、一尺乃至二尺（つまり遺物包含層が30～60cm）ほどの間にあり、これをいかに解釈すべきか。表土の厚みが石器時代からの年代を示すならば、遺物包含層はその 2 倍ほどあり、表土を仮に二千年間の堆積とすれば、石器時代の年代は四千年間となる。そのため、遺物包含層に存在する土器や石器は、時代的には同じではない可能性がある。しかし、①二尺ほどの厚さのなかに包含されている土器はすべて同じ種類のものである。②石器、とくに石斧は種類や素材が同じで、製作途中、破損したものが存在する。③台石が規則正しく存在し、その周囲に石片（剝片）や石斧が散乱している（ため、この台石は石器製作に用いた）ことからその考えを退けた。つまり同じ層に同じ種類の土器、製作途中の石器が二尺ほどの厚さの層に包含されているので時間的には同一の土である、と解釈したのである（ただし、なぜ厚く堆積したのかについては結論を保留している。大野・鳥居 1894・1985）。

　こうした事例は 1895 年に秩父でも確認され、大野と鳥居は国分寺で見た遺物包含層が同一の時間であるという考えを深めている（阿部・大野・鳥居 1895）。さらに 1899 年に大野延太郎が上下の層から出土した土器が接合したことから、出土層は同一時期に形成されたと考えた（大野 1899）。これは先の鳥居が貝塚内部の状態から貝層出土の土器が同一であることを、接合という行為で確認することとなった（鳥居 1925）。こうした経過をたどり、包含層から出土する土器はすべて同じ時代のものであるとする考えが創成されたようである。

　一方、八木などが土器の相違は時間差ではないかとした考え方も、論

文として提出されたものではないが、学界でも伏流として存在していた。1897年に八木は、「石器時代の遺物には大略二様の別有り、これ部落の差と年代の前後とによるならん（中略）故に石器時代の研究者は斯る点に向て深奥の観察を下し類を分け年代を考え又分布と去来の方向とを按する等最も必要の事柄なる可し」（八木1897：p.25）と述べている。また、東京谷中の天王寺貝塚から出土した大森式（現在でいう堀之内式）に対して「先陸平式とでも云わんか」（野中1897：p.109）とする記載があり、当時こうした議論が行われていたことがわかる。翌年には、土器文様に違いがあるのは「地方の差、部落の別有り、又年代の前後に因るとするも多少其間の連絡を知る可き品を見いださざるの理なしとは毎に同士間の意見として論壇に登れり」（八木1898a：p.196）としており、土器の相違は新旧関係に起因するという考え方はもち続けていたこととなる。

堆積の厚み：伊豆大島

　大野・鳥居らの考え方は、1902年に鳥居が調査した伊豆大島溶岩流下の遺跡によってさらに深められていった（大築1902、鳥居1903）。鳥居は溶岩流の直下の噴灰層に石器時代の土器（現在の知識からは縄文時代中期の勝坂式）や石器・人骨・獣骨を含む1mほどの遺物包含層が存在し、直上層の泥流とその泥流の上層の噴灰層の間から、現代的な年代観でいえば古墳時代前期〜中期頃の土器が出土したことを図示する。こうした観察を通して、鳥居は石器時代に人が居住していた時に噴火があり、溶岩流によって村はなくなった。その後泥流が厚く堆積しある時間が経過して日本人が移ってきた、という解釈を行った。国分寺駅での発見時に、なぜ包含層が厚く堆積したのかについて説明を保留していた鳥居は、この大島の事例から噴火や泥流によって1mを越える堆積があることを示した。なお後年に鳥居は国分寺駅の包含層について、「あるいは水流の関係からきたの

ではないか」と遺物包含層の厚みの成因を仮定している（鳥居 1953：p.89）。

　伊豆大島での報告を受け八木は、「一人民住居の期間に包含層の厚さが三尺三寸以上に及ぶ事なれば斯る遺物層は左程悠久の年所を経ずして成立することを知り得べし」（八木・中澤 1906：p.30）と厚い堆積の成因を理解した。しかし、同じ書籍で八木は、縄文土器には各地方によって特徴があることから、「新古の差と部落的相違とを探知し得可きことと考う」（同書：p.118）と述べているように、土器に新古の差がある解釈を完全にあきらめたわけでないのである。八木の考えは、神奈川県川崎市の南加瀬貝塚の発掘によって理解が進む。

層位の確認：南加瀬貝塚

　南加瀬貝塚は上層貝層から弥生土器、下層貝層から縄文土器を出土する貝塚として注目され、1906 年に発掘調査が行われた。八木奘三郎はこの調査で 2 箇所の貝塚を発掘しているが、両貝塚ともに上層から中間土器（弥生土器）の貝層、下層から石器時代の貝層を確認した（第 4 図：八木 1907a）。現在の知識であれば、この発掘成果から縄文土器と弥生土器が、時間差をもって存在していることを理解することは難しくない。しかし、当時の理解は両者の土器が出土することを時間差としてとらえることはしたものの、両土器が別の時代に使われたという認識にはならず、八木

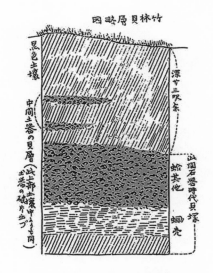

第 4 図　南加瀬貝塚竹林貝層断面図
（八木 1907a 原図・改変）

は中間土器が日本列島のなかで長く使用されていたと推測し、祝部土器と一緒に鎌倉時代まで使用されていた可能性を記載し、その間を 3 つの時期に区分した（八木 1907c）。これは次に触れる大阪府国府遺跡や大境洞窟の調査所見で喜田貞吉が示した、石器時代民族と弥生式民族が長い間、同時に生存し互いに接触しており、石器時代土器使用民族が居住していた場所に、後から弥生式土器使用民族がやってきた結果、という解釈で両貝塚の重なりを理解している（喜田1918a・b）[6]。八木は弥生式土器を最古・中期・後期の 3 段階の時間差をもつ土器である、と理解していた（八木 1907c）。しかし、その背景には弥生式土器が鎌倉時代まで使用され続けたという考えと、土器が民族を表すとする前提があったため、実態に即した結論とはならなかった。こうした理解をした南加瀬貝塚の調査所見であったが、その後の層位学的な研究が進展する時期に、南加瀬貝塚の事例が引き合いに出されており（濱田 1918、山内 1940）、大正期から昭和期の研究者にとって、記憶に深く刻まれる遺跡・層位の事例となった（南加瀬貝塚の調査については浜田・山本 2017 参照）。

鳥居龍蔵の三大部族説

このような研究状況のなかで、石器時代の土器には、大森式（後の薄手派）、陸平式（後の厚手派）、弥生式（後の弥生土器）の 3 種類のほか、諸磯式土器（八木 1897）などが存在し、これらの土器を使用する民族が、先住民として日本列島に存在していた、とする考えが 20 世紀初頭には芽生

---

6)　喜田は大阪府国府遺跡と富山県大境洞窟の調査から、縄文土器（アイヌ式土器）と弥生式土器使用民族が同時に生存し、「結局近畿地方にも嘗てアイヌ族の民棲息せしが、後に弥生式民族の為に其の地を占領せられて、或は他に退却し、或は其の跡を没したるべきことを明にせり。而して今や北陸方面に於いても、亦同一状態の事歴の、遺蹟上より証明せらるるの機会に遭遇せるなり」（喜田 1918b：p.402）と述べている。

えてくる（坪井 1907）。土器が民族を表すという代表的なものは、1917 年頃から鳥居龍蔵によって提唱されはじめる（山内 1970 参照）。薄手派・厚手派・出奥派の三大部族説である（鳥居 1924）。これは石器時代の日本列島には石器時代の民族が諸部族に分かれ、海浜部を中心に薄手派（大森式）、山間部に厚手派（陸平式）、東北に出奥派（亀ヶ岡式）が存在し、それぞれ生業などが異なっていたとするものである。出奥派は現在の縄文時代晩期の大洞式土器のことであり、江戸時代から好事家の間で珍重された、縄文土器の代表として古くから著名なものであった（この亀ヶ岡式土器が、後に縄文土器編年分析の材料となる。Chapter4 参照）。これらの部族が中心になって、交易をしながら生活をしていたという考えであった。現在での知識で論じれば、厚手派は縄文時代中期、薄手派は縄文時代後期、出奥派は縄文時代晩期であり、時期を異にしていたこれらの土器が同時に使用されていたことはあり得ない。しかし、鳥居は弥生土器を使用した民族が日本列島に来て三大部族と衝突した、と推定したのである。ただし、こうした鳥居の三大部族と弥生人の対立が盛んに論じられる頃、縄文土器と弥生土器の時間的な位置づけが、次第に明確になってきていた。

地層累重の法則：大境洞窟

大境洞窟は富山県氷見市にあり、1918 年に調査された。数回の落盤層を挟んで第 1 層（現代〜近世）、第 2 層（祝部土器・金属器）、第 3 層（祝部・埴瓮）、第 4 層（祝部・弥生）、第 5 層（弥生）、第 6 層（縄文）に区分された遺跡である。貝塚と異なり落盤によるまったく遺物を含まない厚い層によって区切られており、各層によって出土する遺物、とくに土器の変化が現代まで矛盾なく説明できる点が研究者に注目された。この大境洞窟の層位的な見解は、後に松本彦七郎や山内清男などが参考とし

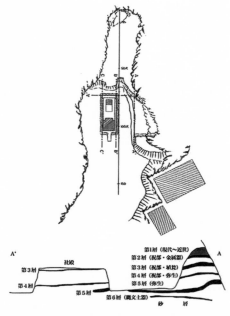

ている。発掘を行った長
谷部言人は各層で出土土
器が異なること[7]を指摘
する（長谷部 1918a）。そし
て地質学の佐藤伝蔵は、
下層から古い遺物、上層
から新しい遺物が出る大
境洞窟の遺物埋蔵の状態
が、層位学上の化石の出
土状態と同じであること
を述べる（佐藤 1920）。これ
がその後日本考古学にお
ける大きな方法論となる、
地層累重の法則が遺跡で
初めて適用された事例と
なった。ただしこの時点

第5図　大境洞穴平面図と土層断面図
（大野 2007 原図　改変）

第1層（現代〜近世）
第2層（祝部・金属器）
第3層（祝部・埴器）
第4層（祝部・弥生）
第5層（弥生）
第6層（縄文土器）

A'　比段　A

第3層
第4層
第5層
第6層（縄文土器）

砂　層

では縄文土器と弥生土器の時間区分は行ったが、明瞭な時代区分は提
唱されなかった。

---

7)　長谷部は次のように述べて、層を違えて出土する弥生式土器を理解している。「遺跡
　　層より云えば、表面即ち現代より数えて、六層あり。第三、第四層間最も隔れり。第
　　三乃至第五遺跡層よりは、所謂弥生式土器を出し、各層の間に於ける形式漸化の状明
　　らかにして、而も第四層のものは、より多く第五層のものに近似せり。且つ又第五層
　　のものと、第三層のものとの移行像はこれを第四層に於いて見るべく、若しこれを欠
　　かば、第三、第五両層の連絡を解すること、甚だ困難ならしむ」（長谷部 1918a：p.192）。
　　「第四遺跡層よりの土器破片を検するに、第五、第三両層の中間形式を有する事顕著な
　　り」（同書：p.198）。こうした長谷部の層位的な分析が山内清男の縄文土器編年研究に
　　与えた影響が大きいことを、大村裕が指摘している（大村 2004・2014）。卓見である。

時間差の考え：国府遺跡・指宿土器包含層（橋牟礼川遺跡）[8]

　大境洞窟の発見に前後するように、大阪府国府遺跡が 1917・1919 年に、鹿児島県指宿土器包含層で 1918・1919 年に濱田耕作によって調査が行われ（濱田 1918・1920・1921）、層位的な出土に基づいた分析が行われるようになる。両遺跡とも下層から縄文土器、上層から弥生土器が出土し、とくに指宿土器包含層は開聞岳の火山灰によって下層と上層が明確に区別されていた。こうした状況に注目した濱田は、ヨーロッパで得た方法論も組み込みながら、縄文人と弥生人が同じ民族であり、時間の経過と外国から渡来する新文化の影響で、縄文土器から弥生土器に移行すると考えた[9]。ただし濱田はこのような明確な指摘を行いながらも、1930 年の著作で弥生式土器の使用は日本全国で同時に起こったのでは

---

8)　調査当時、鹿児島県指宿村摺ヶ浜にあった「指宿土器包含層」と呼ばれていた遺跡は、現在「橋牟礼川遺跡」となっている。

9)　濱田は国府遺跡の第 1 回目の調査結論として、層位的な出土状況を説明した後「弥生式土器と一種の縄文的土器との間に時代の連絡あり、縄文的のもの弥生式よりも稍々早く存在したるを推測せしむるに足る。更にこの両事実及他の類例よりして、齋瓮弥生式及び縄文的土器の三者は互いに使用人民と時代との間に連絡関係あると共に、縄文的のもの最も古く弥生式之に次ぎ、齋瓮最後に現出せれることを想察せしむ」（濱田 1918：p.37）と述べ、従来の「縄文的土器と弥生式土器とが上下の層より発見せらるる時は、其の間に人種の入れ替りありとなす」（同：p.38）とする解釈に対して、「余輩は之を最も自然的に解釈するは、同一民族が時代により種々の事情により土器の製作上に変化を生じ、別種の土器を製作するに至れりとするに在るを思うものなり」（同：p.38）と述べている。さらにエジプトやミノア（クレタ）文明の事例をあげながら、「同一人種が自家的進歩により、或いは他の文化の影響などにより、長き年所に其の技術意匠に変化を呈するは寧ろ自然的にして、其の静止的なるを以て不自然とす可きを以てなり。余輩は信ず、少くとも関西九州諸地方に於いて弥生式土器と縄文的土器とは斯くの如く同一民族の所産に係り、主として時代によりて其の意匠形式に変化を生ぜるものとなす可きものなる可しと」（同：p.39）としている。

なく、東北地方では数世紀遅れて使われるようになるということを述べているので（濱田 1930）、縄文土器から弥生式土器への変化には列島内で数世紀にわたる時間的な不均衡が存在することを認めていた（*Chapter*7 参照）。

土器の時間差：宮戸島里浜貝塚

　濱田が国府遺跡、指宿包含層を調査したのと同じ頃、1918 年に松本彦七郎は宮城県宮戸島里浜貝塚を発掘調査し、これまでと異なった視点での土器研究を行う（松本 1919a・b）。松本はこれまでの縄文土器と弥生土器の区別の前提に、人種的な観念が伴っていることから、これを排して「古生物学的層位学的」に見た時代別あるいは型式別の区分・変遷を考え、縄文期から埴瓮時代（古墳）への変遷を試みた[10]。その第 1 期は大木式。第 2 期が獺澤（おそざわ）式。第 3 期は宮戸式。第 4 期は大境五層式。第 5 期は大境四層式。第 6 期は埴瓮（土師器）・齋瓮（須恵器）時代とした。第 1 期から第 4 期は縄文土器の文様の比較、第 5 期は文様として縄文を認めない段階、第 6 期は石器時代を脱している段階として、「諸式を通じて見られる傾向は祖期模様の堕落であり手を省く事である。凸線よりも凹線の方が省ける。曲線よりも直線の方が手が省ける。有紋よりも無紋の方

---

10)　松本は、「従来は土器の型式又土器から見た遺跡の型式としてアイヌ式及び弥生式の区別が広く用いられて居る。併し、この型式別には名称の不妥当があり、皮想的（仮想的か：筆者註）人種別観念が伴って居り、又学者によって定義や分界線が異なって居る等の不備がある。両者の分界は従来想像された如く判然たるものでは無く、又、一方アイヌ式自身の中にも弥生式自身の中にも型式の差がある。（中略）漸遷的であるものを二大別する位ならば、寧ろ一層細別して型式や期間を的確に指示し得る様にするの利あるに如かぬ、茲に予の腹案を披瀝する。これは単に個々の土器に就いて何式と云う類では無く、土器の全般を総合的に見た上での個々の遺跡又は遺跡の個々の層位についての型式である。古生物学的層位学的の時代別又は型式別と思って戴きたい」と述べている（松本 1919a：p.21-22）。

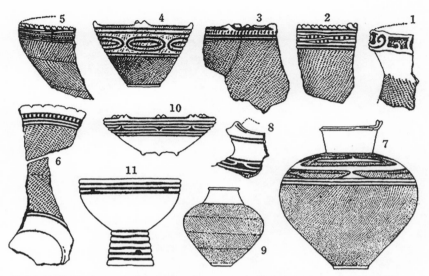

縄文式土器紋様の変遷　i　凸線紋曲線模様部，ii　凹線紋曲線模様ないし第一次直線模様部，
iii　一律縄紋部，iv　接底平滑部ないし第二次直線模様部　（縮尺不同）

第6図　松本彦七郎の土器の類型（松本 1919a 原図）

が手が省ける」（松本 1919a：p.23）と、その全体をつらぬく区別・変遷の原
理について触れている。

　この松本の文献は、従来あまり話題にされることはないが、後述する
山内清男や小林行雄の土器編年に大きな教示を与えたと考えられる。ま
た、松本から土器に関する予報の担当を任された長谷部は、遺物包含層
ごとに土器破片を全部集め、10枚ある層の1層と2層、3層と4層、5
層と6層の間に凝灰岩砂岩があることなどを参考に、類型に分け各型式
の多寡を推定した。その結果、亀ヶ岡式、宮戸式、亀ヶ岡と宮戸の中間
式に分けることができ、下層に亀ヶ岡が多く、上方に行くに従い亀ヶ岡
宮戸中間式が多くなり、宮戸式は最下層以外に主に出土することを述べ
て「三式は同一根源より変化し来たりしなるべく、上層に至に従い、複

雑なる装飾と多様なる形種は、簡単なる装飾ある同形のものに帰嚮せり」（長谷部 1918b：p.450、ふりがなは筆者）と、松本と同じ原理で説明する[11]。これが後の大洞貝塚での分層発掘とその成果を導くこととなる。

　しかし、こうした研究状況下でも、まだ部族説は根強く残り、例えば谷川磐雄（後、大場姓となる）は 1924 年に、厚手派・薄手派・弥生式・齊瓮（須恵器）が、ある時期には日本列島で同時期に使われていた、という考えを提出している（谷川 1924）。この推定は当時にあっては常識的な考えであり、近畿地方で飛鳥時代を迎えた後でも、東北地方にはまだ縄文土器を使用していた民族が存在していた、と理解する研究者は多くいたのである。

土器の時間差：大洞貝塚

　大境洞穴を調査した長谷部は、岩手県大船渡市の大洞貝塚を 1925 年に山内清男とともに調査する（長谷部 1925）。この発掘で長谷部と山内は分層発掘を推し進め、大洞貝塚の A・A'・B・C 地点から出土する土器の文様が異なり、層序を違えて出土することを確認した。山内はこの層序を基準に各地点の出土土器を古いものから、大洞 B 式、大洞 B 式と C 式の中間形式（BC 式）、大洞 C₁ 式、大洞 C₂ 式、大洞 A 式、大洞 A' 式とし、その直後に籾圧痕がある石器時代土器として報告した桝形式（弥生式土器）に推移するとした（山内 1930）。そして大洞 B 式から A' 式に至る文様の変遷を確定し、縄文土器の編年が成立することを見いだした[12]。そして東北を分布の中心に置く大洞式前半の土器（大洞 B 式 – C₂ 式）が中部地方や関東地方に、後半の土器（大洞 A 式、A' 式）が、中部にも出土する

11）　ただし、宮戸式とする第 6 図 1 は現代的には大木式、亀ヶ岡式とする第 6 図 2～7・9 は大洞 BC 式～大洞 C₂ 式、亀ヶ岡と宮戸の中間式とするのは大洞式の粗製土器である。

12）　山内の縄文土器編年研究の過程は、*Chapter* 4 を参照。

ことを確かめ、縄文時代の終
末、つまり弥生土器の開始の
年代は、中部地方から東北地
方にわたって差はないと結論
づけた。その後、大洞式前半
の土器が大阪府日下貝塚など
で確認されたことから、「こ
れらの点を吟味すると縄文式
の終末は地方によって大きな
年代差を持たなかったことを
悟ることができる。与えられ
た材料の範囲から云っても三
河と東北に於ける差は僅々土
器一型式、畿内と東北の間に

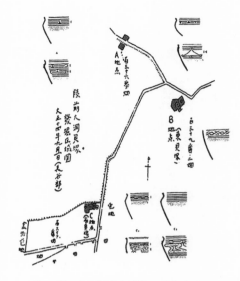

第7図　大洞貝塚各地点と出土土器
（長谷部 1925、山内 1930 原図を加工）

も二三型式の差を超えないとおもわれる。（中略）縄文式末期が地方に
よって多大の年代差を持たないとすれば、その後を襲う弥生式の上限に
ついても、恐らく同じことが云えるであろう」（山内 1932d：pp.50-51）とし
た。そして縄文土器の文化は本州・四国・九州では大差無く弥生土器の
文化に置き換えられ、さらに弥生土器の文化も古墳時代に移行する、と
いう考えを発表（山内 1932e）する。これは縄文土器編年研究がもたらし
た、弥生文化の時間的な独立ということができる（Chapter7 参照）。

編年研究の評価

　土器編年研究は、他にも信州で八幡一郎が行い（八幡 1928・1935）、関東
では甲野勇が行い（甲野 1928・1935）、それぞれ成果をあげ新しい研究の潮
流として注目されていた。しかし、その評価については必ずしも高くな

かった。例えば大場磐雄の1933年での評価は、設定した型式の基準が明確ではなく1遺跡1型式になると疑問を呈する。また、縄文土器が東国に濃密な分布をもつが近畿以西にも存在しているので「翻って古代日本の状勢を大観する時、東国が如何なる地位にあったか、又古代日本文化は如何にして東国に伸び、如何にして開拓の歩が進められたか、それ等の全体的視野の下に東国を観察した時縄文土器の地位が明らかにせらるゝのではあるまいか」（大場 1933：p34）と述べているように、文化は西日本が優位であることを前提で土器編年研究を批判する。大場は続けて「西日本に於いては弥生式土器と関連し或時は金属器と交渉を有し、又は古墳とも没交渉でない」（同書：p34）と述べており、土器を民族に擬人化して考察する考えを捨て切れていない。

　また森本六爾が関東と東北の縄文時代のある時期に、弥生土器・祝部土器が共伴する、あるいは縄文時代の遺物の中に弥生・祝部の要素が具備することを指摘したうえで、「依然として日本遠古の文化は内地が一様に縄文系から弥生式系に移ったとの「無邪気な慣用語」に籠もって、縦横の論を進める人も少なくないようである」（森本 1933e）と山内の言説を揶揄した発言もまた、擬人化した結果である。

　こうした批判がありながらも、土器が時間的な物差しの道具として有用であることは、ゆっくりとではあるが研究者の心を捉えていく。そして弥生土器の編年作業も1939年に一応の完成を見ることになる。

Chapter 4

土器の研究法

土器研究は何をめざすのか

☰ 概　要

　土器の文様や形が異なっているのは、時間の経過が原因である。大正から昭和初年にかけて提示されたこの考え方により、それまで時間的な位置づけが不明瞭であった縄文土器・弥生土器・須恵器の区別がされ、さらに縄文土器の時間的区別の編年研究が行われたことで、次第に弥生土器についても、単一の時間ではなく新旧の別が存在することが予想されるようになっていった。

　しかし、縄文土器と弥生土器の編年研究は、分析のもととなった作業が異なった方法で進められた。縄文土器は松本彦七郎・長谷部言人・山内清男らによって、地層累重の法則をもとに新旧を確定させ、その上で土器文様の変化を考える分析方法－型式概念の方法－であった。これに対して弥生土器は小林行雄によって最古の弥生土器が定められ、その土器の形や文様の推移などから変化を考える方法をとった。その後弥生土器については、壺・甕・高坏・鉢といった用途ごとの土器（形式）で構成され、形式ごとに文様などが異なる土器を型式とし、複数の型式が一緒になって出土した土器群を、一つの様式として理解する方法－様式概念の方法－をとった。型式概念の方法が製作時の時間を追究するのに有利なのに対し、様式概念の方法は土器を使用する人びととの関わり合いを追究するのに適した方法であるといえる。

　現代の縄文土器・弥生土器の編年研究に関する原理の違いも含めて、当時の社会を解明する方法としての土器分析法を、この *Chapter* で解説していく。

はじめに

　土器の編年研究、つまり土器の時間的な変化の研究は戦前に開始され、戦後各地で縄文土器・弥生土器・土師器・須恵器、そして19世紀までの陶磁器全般（Chapter3 参照）について分析が行われるようになり、それは現在でも続けられている。土器編年の研究は、地層累重の法則やこれをもととした文様の型式学的な推移、製作技術の変化、特定の土器の消長などを利用して進められてきた。この Chapter では縄文土器と弥生土器の編年研究に大きな成果をあげた、山内清男と小林行雄の二人の土器研究方法の原理と特性に焦点を絞って論じていく。

縄文土器の編年研究（山内清男）

　山内清男は、大正期に発展した遺跡の層位に基づいた編年研究、とくに長谷部言人の大境洞窟と松本彦七郎・長谷部の宮城県内の諸貝塚の分層発掘に学び、縄文土器の文様や形を異にするものが、層位を異にして出土することに興味をもっていた（山内 1930）。その興味に対して初めて取り組んだのは、1922 年の千葉県上本郷貝塚の発掘であった。8 つの小貝塚からなるこの遺跡で、山内は小貝塚ごとに採集できる土器が異なっていることに興味をもった。薄手もあるし厚手もある。薄手・厚手土器が層位を違えて出土するのではないか？しかし、彼の思うような結果はえられなかった。そこで、遺跡をかえ本格的な検証を 1924 年 3 月に千葉県加曽利貝塚で行った。この調査こそ山内が「土器型式の内容決定、層位的事実、年代的考察」（山内 1928：p.463）に対して、研究が進んだと確信した成果となった。加曽利貝塚は日本で最大規模の貝塚で、過去に発掘調査した複数の地点には A・B・C・D と記号が付けられ、加曽利 B 地点貝塚などと呼称していた。この時の発掘で B と D 地点、そして新たに

調査したE地点貝塚を発掘した。そして、各地点出土の特徴的な土器を「加曽利B式」「加曽利E式」などの名称で呼ぶこととなった（山内1928）。この時の調査について山内と共同調査した八幡は、「私達は直感的にB地点発見の土器と、E地点発見の土器とが趣を異にして居る事を知った。そしてB地点の黒褐色土層の中からも、B（Eの誤記：筆者註）地点発見の土器に似たものが時々現れた。（中略）何故だろう。この興味ある問題にぶつかって、私達の気分は極度に緊張した」（八幡1924：p.211）とし、後に「この貝塚調査の結果、我々は関東地方石器時代年代観の上に一基準を得た。すなわち種々なる点から、D・E地点出土土器は、B地点出土土器よりも古く、D地点土器はB地点下層土器より古く、B地点下層土器は同上層土器より古いと云う時代順位を確め得た」（八幡1930：p.31）としている[1]。また甲野勇は「B地点の貝層の下の褐色土層におもむろに鍬をいれてみたのです。手をつけると間もなく、土器の破片が少しずつ出はじめましたが、それらは明らかにE地点の土器と同じ類型のものだったのです。この時の喜びは、いまだに忘れません」（甲野1953：p.104）と書き残している。山内らの「興味」の本質が、土器の新旧問題であることを鮮やかに書き残している。

　加曽利貝塚の調査が4月に終わり、山内は続けて、5月・9月に福島県の新地村小川貝塚を調査する。小川貝塚では後世の撹乱の無い良好な土層堆積に恵まれ、貝層およびその直下の黒土層から出土品が多量にあった（山内1924・1969c）。

　この発掘で山内は東北地方の層位的重畳の真相を知り、縄文土器編年の基礎を位置づけようと考えたという（山内1964b）。1924年は縄文土器

---

1)　八幡が加曽利貝塚での所見をこの著作で付記としていることに関しては、大村裕の指摘（大村2014）から知ることができた。

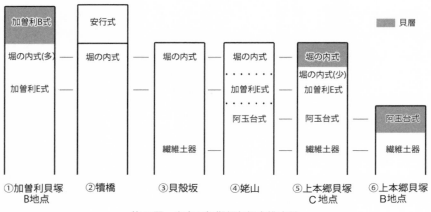

第8図　山内の初期編年概念模式図

の編年研究が、大きく飛躍する年となった。

　この加曽利貝塚・小川貝塚の調査に前後する大正期後半から昭和初期にかけて、小さな発掘を積み重ねていた山内清男が、1928 年に南関東地域の土器編年の概要を発表する。山内は加曽利貝塚 B 地点、犢橋貝塚、貝殻坂遺跡、姥山遺跡、上本郷貝塚 B 地点、上本郷貝塚 C 地点での調査所見に基づき「加曽利 B 地点貝層以下の土層には「堀の内」が稍多量、加曽利に近縁な土器が発見された。（中略）犢橋貝塚（下層堀の内上層安行）貝殻坂（上層堀の内及加曽利下層繊維のある土器）姥山（最上層堀の内次に加曽利 E 次に阿玉台）（中略）（上本郷：筆者註）B 地点貝層のものは大体阿玉台式、以下の黒土層から三片の繊維ある土器破片を見つけた。C 地点貝層のは堀の内、以下の黒土層には少数の同式土器とまじって「加曽利 E」「阿玉台」の特徴のある破片が数片宛、別に繊維ある土器一片あった。D 地点は全く「堀の内」の土器である」（山内 1928：p.464）と記述している。それを図式的に表したのが第 8 図である[2]。山内の記載を補足し

　2）　この問題については、大村裕が的確な整理を行っている（大村 2014）。

てみる。例えば堀之内式を基準にすれば、複数の遺跡で常に下層から加曽利 E 式が出土し、加曽利 E 式は繊維土器の上層から出土する。それが各型式相互の関係に対して成立し、遺跡によって逆転する事例はない。この関係性つまりは新古の相関性は確率の問題として非常に高い、といえるのである。佐原眞によれば、当時山内は Oscar Montelius の *Die Methode* を読破しているので（佐原 1984）、モンテリウスのいう「他の発見物の中にも、此等の型式が同時に出現する場合が繰り返されるならば（中略）それ等が一緒になって発見される回数と共に確率は増していくのである」（モンテリウス／濱田訳 1932：pp.29-30）という方法を了解していたと考える。これらを総合して古い方から (1) 繊維を含む土器型式、(2) 繊維を含まない諸磯式、(3)「勝坂」または「阿玉台」、(4) 加曽利 E、(5) 堀の内、(6) 加曽利 B、(7)「安行」の年代的順列が認められたとした（山内 1928）。山内の型式学的方法は地層累重の法則をもとに、新旧を決定してから組列を組み立てている点に大きな特色があり、後述する同一地層の出土物の判定でも仮説とその検証を繰り返しており、参考としたモンテリウスとは大きな違いが見られる。

　同じ頃、東北地方で「亀ヶ岡式土器」と呼ばれていた縄文土器が、長谷部言人の岩手県大洞貝塚の発掘によって、大洞貝塚の A・A'・B・C 地点から出土する土器の文様が異なり、層序を違えて出土することを確認し、区別できることが問題提起（長谷部 1925）されたのを受け、山内はその変遷の内容を研究した（山内 1930）。その結果彼は層位的な事実と型式の比較に基づいて、「亀ヶ岡式土器」が古い方から順番に、大洞 B 式、大洞 BC 式、大洞 C 旧型式（のちに C_1 式）、大洞 C 新型式（のちに C_2 式）、大洞 A 式、大洞 A' 式の 6 型式が設定できると考えた。そして型式の順番を前提にして、**土器文様変化の一般法則と手法の変遷を導き出す**ことに成功する。文様変化の一般法則は、前半（大

洞B式－C新型式）の曲線的な文様（雲形文、羊歯状文など）から、後半（大洞A式、A'式）の並行線的な文様（工字文など）に移り変わるというものである。これは松本彦七郎の研究（*Chapter*3 参照）をさらに整理・発展させたものである。ただし、山内はそのプロセスを細かに説明していない[3]。そのため、多くの「山内型式学」を生むことになった。筆者は山内の大洞式土器の変化プロセスを次のように考える。まずB地点の最下層黒色土の直上貝層からB式（細浦土器）、その上部の貝層からC式が出土したことを手掛かりに（長谷部1925）、文様が曲線から直線に変化する方向性をとらえた。そして文様が装飾される位置が口部（土器上部）・頸部・体部であり、この文様が施される部分（文様帯）で文様が変化していくことを突き止めた。その上で文様変遷の一般的な法則として、曲線的な磨消縄文（いわゆる雲形文）や点列に富む頸部文様（羊歯状文など）を前半、並行線的な文様（所謂工字文）を後半ととらえることが可能になり、文様が曲線から直線に変化するなかに、従来亀ヶ岡式土器としてまとめて呼ばれていた大洞貝塚出土土器を位置づけ、大洞B式〜A'式の順番を決定した。

　この文様変遷の一般法則は大洞諸型式において、地方差はあるものの中部地方（渥美半島以東）を含む広い範囲において、ほぼ同じように推移したと結論づけるものであった。その後大阪府まで大洞前半の土器が確認されるようになり（山内1932c）、東北から畿内までが大洞諸型式を基準にした同時性を主張できると推測した（*Chapter*7 参照）。このようにして導き出された土器編年は、一つの遺跡のなかでの時間的な変化を表すとともに、異なった地方同士で同じ土器型式が出土した場合は、時間的な同時性をも表す、と考えるものであった。

---

3)　山内はその後「型式」設定の手順を示す（山内1935）が、大洞式の手法の変遷を導き出すプロセスは語っていない。

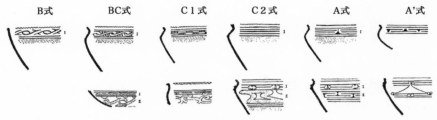

第9図　大洞式土器の模式図（山内 1930 原図・改変）

　ただ、現在の発掘調査においても見られるが、違う土器型式が同一層から出土することがある。当時にあってもそのような現象はみられた。大洞貝塚や真福寺貝塚（山内 1934c）などでそのことには触れている。では、同一層から出土した異なった型式の土器を、どのように分けていったのか。その方法についても山内は詳しく書き残してはいない（方法の概要は山内 1935 で示される）。そのため識別の方法について各地で山内と共同で調査した、あるいは山内本人から直接教授された人の証言や、実践的な調査報告からしか知ることしかできない。

　この問題を関連する文献から探った大村裕の業績（大村 2014）を参考に、筆者なりにまとめると次のようになる。①一つの調査区の土層ごとに出土土器を区別する。②同一層から出土した土器を共通の特徴でまとめる。③共通の特徴でまとめた土器群と、同一層で出土した別の土器群が、同一遺跡（時には隣接する地点）で上下の層で異なって出土しないか。同一層でも個々の土器群が上下でまとまって出土しないか、を発掘で検証する。④上記①の調査区以外の同じ遺跡で出土した複数の土器が、上下の層序関係として出土するかを確認する。⑤こうした発掘を一遺跡だけではなく、複数の遺跡で確認して最終的に土器群に「型式名」を与えて型式相互の新旧関係を決めていく。山内はこのような①〜⑤の作業を通して型式の前後関係を決定していった、と推察する。重要なのは、同一層出土土器をそのまま同一時期のものであるとするのではなく、仮説

（上記の②）を実験（同③）で確認していくという、型式設定の吟味を行ったということである。そしてこれは、次に述べる様式による編年方法と根本的に異なった土器の理解なのである。

　この土器の文様変化の一般法則をもととした型式認定を、さらに細かな時間に分割（細分）する作業を繰り返せば、より細かな時間が型式に与えられ、土器製作時における紋様施文の時間、つまり製作時の同時性を追究することにつながる。したがって、層序をもととした型式学的編年方法の時間的な同時性は、「製作時の同時性」を表すこととなるのである。そして各型式の文様の一般法則は、土器の同じ部所の文様と連続あるいは継承していて次代型式の基礎となる「文様帯系統論」として、戦後体系的に論じられることとなる（山内 1964a）。

　戦後縄文土器の編年研究は、各地・各時期について、多数の人びとによって分析されるが、その多くはこの山内の層序を基とした方法によって、各地に土器型式が設定されていくようになる。なお、山内が基礎を作った縄文時代の土器型式の新旧関係は、AMS法による測定（小林 2006・2008）でも、その新旧が逆転する事例はない。層序をもととした型式学的編年の方法論的な確からしさの検証となっている。

弥生土器の編年研究（小林行雄）

　弥生土器に時間差があるとする研究は、Chapter 3 で紹介したように南加瀬貝塚を事例にした八木の3時期区分があったが、土師器を含めた考え方であり、実態を反映したものとはならなかった。むしろ縄文土器研究によって切り開かれた、土器の違いは時間の経過が原因とする考え方が、その当時地方によって様相に違いはあるものの新旧はない、つまり単一時間であると考えていた弥生土器研究にも大きな影響を与え、編年研究を導くこととなった。しかし、その研究方法はすでに述べた山内が

実践した、層位を基とする縄文土器の型式概念に依拠した方法と、これから述べる小林行雄が行った層位に基づかない[4]様式概念の方法の二つがあった。

　弥生土器の実態を伴った編年研究は、中部地方を対象にした八幡一郎の「縄文」「櫛目」「刷毛目」の文様をもつ土器が、その順に変遷するとした考え方が、1928年に提出される（八幡1928）。その根拠は八幡も述べるように層位的な裏付けを欠いたものであり、縄文のあるものは沈線文と磨消手法をもち、櫛描文には縄文が伴わず、土器表面を調整した痕である刷毛目（紋様ととらえない）が見られる、という彼の型式観によるものであった。これは弥生土器でも縄文土器に近いもの、つまり古い土器は縄目をもち、新しい土器は紋様自体をもたないと考える方法である。これに対して中山平次郎は1932年に甕棺に利用される無紋の須玖式と、福岡県水巻村（現水巻町）立屋敷の遠賀川砂州で発見された箆描き・貝殻文の有紋土器に対して、前者を北九州第一系、後者を第二系土器として、第一系統（無紋）が第二系統（有紋）よりも古いとした（中山1932）。この問題について同年12月に山内清男は、九州には貝殻施文の縄文土器が存在することから、有紋の系統である第二系統の土器が古く、無紋土器となる古墳時代の土器に近い第一系統の土器が新しい、と異なった解

---

4)　弥生土器研究においてその研究の舞台となった近畿地方以西では、関東や東北など東日本に比べて貝塚など層位的な事例をうかがえる遺跡が少なかったことが、層位に基づかない方法で進められた原因であるといわれる（和島1937、設楽1996など）。しかし、直良信夫が調査した兵庫県吉田遺跡（直良・小林1932）からは層ごとの土器の出土の説明はないが、2層以降7層まで遺物が出土している事例がある。また小林の調査した兵庫県東山遺跡（小林1933d）からは、包含層の上下で遺物内容に変化はなかったとするが、上部・下部の包含層を確認して、櫛目式紋様と精製無紋土器が出土していることを報告している。唐古遺跡でも遺構の新旧があり、国府遺跡での層位の新旧を確認している。こうした事例から、決して層位的な事例に乏しかったわけではなかった。意識的に層位に頼らない方法の確立をめざしていたのである（小林1962）。

釈を提出する。そしてこれら第二系統の土器のうち、鉢形（甕）の頸部に横方向の箆描き線を数条付ける土器が、四国・中国・近畿地方（国府遺跡・摂津農場）にも存在していることを指摘した（山内 1932f）。八幡・山内の見解には、1924 年を画期として推進される縄文編年の考え方が如実に示されている[5]。この北九州第一系統・第二系統の問題は、同じ頃小林行雄によっても分析がなされた。少し長くなるが詳しくみていこう。

　小林は 1930〜1932 年に弥生土器にみられる櫛目式文様（現在は櫛目文、櫛描文と呼ぶことが多い）の研究を行い、櫛目式文様の種類・施文方法・施文部位の類型化・分布などをまとめた（小林 1930a・b・1931a・b・1932a）。1932 年 9 月には大阪府安満遺跡（摂津農場）出土の「安満 B 類土器」を分析し、櫛目式文様ではない併行直線文を特徴とし、これが中山のいう北九州第二系統の文様と共通すると指摘する（小林 1932b）。そして 10 月に北九州第二系統土器の単純遺跡と考える、兵庫県吉田遺跡の調査概要を直良信夫と発表し、この第二系統土器（この論文で遠賀川式土器という呼称を与えた）が吉田遺跡まではそのままの形で伝わり、東漸して櫛目式文様土器と伴出する安満 B 類土器となった、とした（小林 1932c）。この段階では、遠賀川式土器と櫛目式文様土器とは近畿地方では同時期に存在すると考えていた。

　しかし、1933 年 3 月に遠賀川式土器を特徴づける文様を箆ではなく、貝殻を用いて施文する土器があり、施文道具が箆から貝殻へと変化し、貝殻施文が櫛目式文様の代用的役割をもっているとし、遠賀川式土器と

5）　小林は「無文の土器と有文の土器とのいずれが古いかとか、縄文のある土器とない土器とのいずれが古いかというような、観念的な問題のとりあげかたを克服して、弥生式土器をべつの方法で細分する可能性を見いださなければならなかった」（小林 1962：p.251）とし、八幡の業績はその初期の試みであるとするが、八幡・山内の方法とは異なった編年研究を模索していたことがわかる。

櫛目式文様土器の時間的な差を
とらえる萌芽[6]となる研究を行っ
た（小林1933b・c）。さらに1934年
に、櫛目式文様土器にはしばし
ば遠賀川系土器の形を備えた土
器が存在し、文様帯が幅広くな

第10図　箆描文（左）と櫛目式紋様（右）
（小林1932b・1933f）

る現象を「土器を飾るべき平行線はもはや箆描ではなく、櫛歯状器具を
用いて安々と精巧なる線条が描き出され、従ってまた急激に文様帯は拡
大」（小林1934a：p.254）したと解釈した。つまり、一条ずつ箆描する併行
条線を櫛歯状器具を用いることで効率よく施文する、それが箆描文から
櫛目式土器への移行となった、とする見解を導き出した。そこに文様施
文の効率化を考えたのであり、層位的な編年研究の端緒となった松本の
研究（とくに松本1919a）を参考にしたと思われ[7]、層位的な事例によらな
いが同じ結論となった。ただし、これは後に触れる遠賀川式土器が大
陸あるいは半島由来の人びとが製作した土器であり、これが弥生文化
（農耕・鉄器文化）を最初に伝えた、つまり最古の弥生土器であるという未

6）　この問題に関しては、1933年1月発表の「畿内弥生式土器の一二相」をあげ、安満
　　B類土器→櫛目式文様土器＋精製無文土器→粗製無文という三段階を想定したとする
　　記述がある（小林1971、都出・伊藤2005など）。しかし、この文献は櫛目式文様土器
　　と無文土器との関係性に重点を置いて書かれており、三段階の時間的な変遷を読み取
　　ることはできない。たしかに提示された2点の表には、安満B類—櫛目式文様土器—
　　無文土器（小林1933b：p.2）、あるいは安満B類—櫛目式文様土器—精製無文土器—粗
　　製土器（小林1933b：p.4）の表記があるが、これは新旧関係を表したものではない。2
　　点の表には新旧関係の説明も無いため、この表から三段階を想定したと理解すること
　　はできない。

7）　小林は1943年に縄文土器の編年研究を解説した文章で、この松本の文章を引いて賞
　　賛している（小林1943b）。また、文献を示さないが松本の縄紋土器文様の変遷の原則
　　を解説している（小林1977）。

検証の前提の上に立った結論であった。

　こうした小林の一連の論文は、1933 年 10 月に成稿しながら当時未刊であった「遠賀川系土器東漸形態研究」(小林 1933a) の論文の一部であり、この時点で遠賀川式土器を最古とする編年観ができあがっていたのは間違いない。その後 1934 年 12 月に森本六爾によって遠賀川式を古く位置づけ、櫛目文式がそれに続くという変遷が提示され (森本 1934e)、1935 年の様式概念の解説 (小林 1935)、1938 年の弥生文化の解説 (小林 1938)、弥生式土器聚成図録正編の刊行 (森本・小林 1938)、1939 年の『弥生式土器聚成図録正編解説』(小林 1939) によって、弥生土器の編年がひとまず完成する。その内容は全国を大きく 3 つの地域に分け、遠賀川式土器を基準として、それが純粋な形で確認できる段階を前期、中期は遠賀川式に代わり九州では無紋あるいは凸帯をめぐらす土器 (須玖式)、近畿では箆描から櫛目文式が成立し、中部以東では縄文を付ける土器の段階、そして後期は全国的に無紋となる段階 (東海東部や関東地域では伝統的な縄目を採用する特殊な形態となる) とする考えが確立していった (小林 1938)。小林の弥生土器編年研究の一つのピークは、この『弥生式土器聚成図録』と正編解説にあり、この後、唐古遺跡の報告で大きく変化するが、この時点での小林の編年方法の特徴は次の三つに整理することができる。

　一つは編年の時間的な基準が遠賀川式土器にあり、この土器が農耕技術 (水稲耕作) をもった大陸から渡来した人びとの土器である、という前提で編年を組み立てたことである[8]。水稲農耕に立脚する弥生文化は、列島内の縄文文化が発展したものではなく、渡来の人びとによって成立し (弥

---

8)　「遠賀川式土器は海原の彼方に故国をもつ」(小林 1933a：p.184) や、「遠賀川式系土器の人びとが日本に伝えたのは、轆轤の技術をもった農業文化である」(小林 1934b：p.287)、「遠賀川式土器自身が文化的にも技術的にも、その祖の国の伝統へのつながりによって、高い段階に達しており…」(小林 1938：p.249) といった発言からも明らかであろう。

生文化伝播論)、その人びとの存在を示す土器がすなわち最古の弥生土器＝遠賀川式土器である、と彼は考えた（小林1933a・1938）。こうした前提の形成は、日本への渡来の玄関口である北部九州で、有紋の弥生土器（北九州第二系＝遠賀川式土器）が出土したことが大きなきっかけになったと考える。それ以前にすでに京都府函石遺跡や兵庫県吉田遺跡などから遠賀川式土器は出土していたが、同じ土器が北部九州で出土したからこそ、大きなインパクトがあったと推察する。そこには、弥生土器は半島からの渡来人が製作したという前提があった。後年、小林は北部九州での発見を「満州事変の勃発に匹敵する大事件」（小林1982：p.54）と表現している。

　では、なぜ小林は北部九州の遠賀川式土器が、中国・近畿地方から出土する同種の土器よりも古いと考えたのだろうか。その根拠を小林は次のように説明する。①貝殻施文によって文様図形を構成するものが北部九州に多く、②貝殻の代わりに箆で施文する文様図形が広範囲にあり、③北部九州に隣接する地域には、貝殻の単純な押捺のみで①のような文様図形を構成しない土器が存在することをあげ、②は①の施文具を否定したもの、③は①の文様構成を否定したものととらえた。そしてこの二つの否定は文化伝播の過程によって起こったと仮説を立てた（小林1933a・c)。しかし検討過程をみれば①が②・③を否定した地域性という、逆の考え方も成立する余地があるがその検討をしていないため、この推測方法では遠賀川式土器が弥生文化の最古の土器であるという証明にはなっていない。むしろ北部九州の遠賀川式土器が古いという根拠は、弥生土器は半島からの渡来人が製作したという未検証の前提の方が大きく、その土器こそが遠賀川式土器であるという仮説であった[9]。小林は戦後直

---

9)　そのため戦後、杉原荘介によって畿内も弥生文化（最古の遠賀川式土器）発祥の地の可能性があると提起され、それを探る研究がなされることとなる（杉原1950・1961)

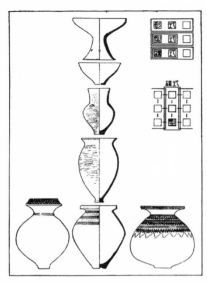

第 11 図　弥生土器の様式構造模式図
（小林 1933e 原図）

後に次のように述べる。「遠賀川式土器が北九州で生まれて、東のほうへ伝わったのが、弥生文化の起こりなのだ」（小林 1947：p.28）。

　遠賀川式土器が九州だけではなく、中国地方や近畿地方にも存在するのは、水稲農耕（弥生文化）が次第に東に進むこと（東漸）の証左であり、遠賀川式土器が発見された地域が前期となる（そのため遠賀川式土器の存否が、その地域での前期の存在を証明することとなる）。そして東海地方まで波及した遠賀川式土器は、その後各地で特色ある土器に変化する。

その段階を中期ととらえる、という編年観であった。小林の弥生土器編年は松本が払拭しようとした民族の概念を取り入れたまま分析したが、弥生土器の成立に縄文土器の影響を認める 1951 年までこの考えは継続していたといえる（小林 1951）。

　また、二つ目の特徴は「様式」概念での弥生土器の把握である。この概念の出発点は弥生土器が壺・甕・高坏・鉢といった機能に沿った形の土器（例えば壺形式など）がセットとなって使用される特徴をとらえたことにあった（第 11 図）。壺は装飾が多く、甕には装飾が少ないことなどから壺を貯蔵、甕を煮沸、高坏・鉢を供饗の用途であることを、森本六爾とともに整理し、発表していく（小林 1933a・e、森本 1933c・1934a、ただし、弥生土器に壺・甕の別があり一緒に使用されていることは、濱田 1921 や中根 1928、中根・徳富 1929 等ですでに論及されていた。小林はこのことには一部触れているけれども（小林 1971）、

森本は創見のごとく扱っている。詳しくは浜田 2018 参照）。そして壺・甕・高坏などの形式は形や文様などによって複数の種類に分けられ、これを型式と呼ぶ（例えば櫛目文施文の壺形土器を紋様の組合せ、形状などによって壺 a 型式、壺 b 型式…など）。そして一つの単純遺跡から出土した壺の型式・甕の型式・高坏の型式を一つの様式としてまとめたのが弥生土器の様式の姿である、と概念づけた（小林 1935）。ではどのようにすれば、どの壺型式と甕型式が一つの様式として認識することができるのか。その検出方法が三つ目の特徴である。

　土器様式検出の方法は、遺跡内での一つの層や竪穴などの土器群を型式分類し、遺跡ごとの土器型式をとらえる。いくつかの遺跡でこうした作業を行い、遺跡（層位や竪穴など）ごとの土器型式群を比較し、引き算によって算出できるとして、次の事例をあげる。

遺跡 1　A　B　C　D　E　F　G　H　I
遺跡 2　　　　　　　　D　E　F　G　H　I
遺跡 3　　　　　　　　　　　　　　　G　H　I

この事例の場合、遺跡 1 で A〜I の土器型式が存在し、土器 A・B・C型式は遺跡 2、遺跡 3 からは出土していない。遺跡 1 から遺跡 2 の出土遺物をひいた土器 A・B・C 型式を**様式 A** として算出することができる。同様に**様式 B**（D・E・F 型式）、**様式 C**（G・H・I 型式）が存在するという解釈である（小林 1939）。この考えに従えば、遺跡 1 には**様式 A・B・C** の三つの時期を異にする様式が存在し、遺跡 3 は**様式 C** だけの時期に営まれた遺跡ということとなる。しかし、この概念はあくまでも模式的なものである。仮に遺跡 4 の竪穴から B・D・G 型式が出土した場合、単純に引き算をすれば別の結果となる。そうした結果を排除できるほど当時の調査事例は多くなく、それをもとに組み立てたこの当時の様式論は、不確定要素の強い設定の方法であった。そのため、1937 年に調査

が開始され、100基を越える竪穴から多数の一括資料（まとまって出土した資料）を検出した、奈良県唐古遺跡の出土資料の整理により小林の方法論は変化していく。

　小林は唐古遺跡（現在はその範囲が広がり、唐古・鍵遺跡という）の出土土器を分析するために、竪穴出土の一括資料をもとに、次のような操作を行った（末永・小林・藤岡1943）。まず各竪穴から出土する土器群（一括資料）を一つの様式として判断し、整理した結果5つの様式に大別できたとする[10]。しかし、第一様式とした43基のうち13基の竪穴から第二様式土器が混在して出土しており、第三様式と第四様式も混在して存在している事例もあるとしており、各様式の区別が困難な一括資料も存在する結果となっている。さきほど紹介した竪穴の一括資料を一様式として、単純遺跡をもとに引き算する方法は適用できない現実に直面する。そのため、これら5つの様式の時間的関係性について、第一様式と第二様式および第三様式と第四様式は、それぞれ「相互に同一地点に埋没し得る程度の時間的近接性を有した」と解釈せざるを得なかった（末永・小林・藤岡1943：p.131）。この解釈は第一様式と第二様式の時間的な差を、一括資料からでは判別することは不可能であると述べているに等しい。後述するように、様式論は「製作時の同時性」を保証しないことにつながる。

　また、唐古遺跡出土土器の時間的な変遷に関して、松本や山内らが行っていた層位に基づいた変化を援用していることがうかがえる。例えば櫛描文をもつ第二様式から第五様式のなかで、第二様式に第一様式の

---

10)　小林は大別に至る説明、大別の基準を詳しく記さないが、個別の説明から推測するに、主に文様による基準であるようだ。第一様式は箆描文、凸帯をもち、箆描線を境に一方を削り取った段の使用が盛んであること。第二様式と第三様式は櫛描文の使用、第四様式は凹線文の盛用と器面の仕上げに刷毛目・叩目を行っている。第五様式は箆・櫛・竹管・粘土貼付によって記号的な図形を描いており、帯状にめぐる文様帯が稀少になり、器面の仕上げに刷毛目・叩目を行っている、などである。

器形に近いものがあり、壺の装飾に両者に共通する手法が見られるので、第二様式が最も第一様式に近いといった思考方法や、第五様式土器は無紋の土器が多く最も土師器に近いと考えられるので、5つの様式のなかで最も新しい、とする推測方法である。ただし、第一様式土器を出土する竪穴に重複して第二様式の小竪穴が作られた例を紹介し、「第二様式土器が第一様式土器よりも遅れて遺跡を形成した事実が知られるのである」（末永・小林・藤岡 1943：p.131）とし，また、河内国府遺跡の報告書の図版 10〜13（濱田 1918）を比較して、B 地点で下層の第 2 層は第一様式土器を主体とし、上層の第 1 層は第三様式土器・第五様式土器・土師器・須恵器（祝部土器）などが発見されていることを根拠に様式間の新旧を問題（同書：p.143）にしていながら、この層位的な事象を基礎に据えて弥生土器編年を分析していない。層位が時間差を証明する重要性を優先しなかったことが惜しまれる。

　小林が用いた一括資料をもとにした編年方法は、以下の点で時間的な変遷（製作時期の変化）をとらえるためには不利である。小林が用いた一括資料は最終的にそこに埋まった（埋められた）状態を示し、その中には製作時期の異なる土器が含まれる可能性が高くなる。製作時期の異なる土器の新旧を、一括資料から同時と見なす前提では、両者を理論的に峻別することはできないのであり、小林自身も唐古遺跡での実践でそのことを認めている。そのため、「様式」概念が保証するのは、土器製作時の同時性ではなく、それらがまとめて埋まった（埋められた）時間、つまり「廃棄時の同時性」となる（鈴木 1969、浜田 2018 参照）。山内の方法も同じ層中に製作時期が異なる土器が存在している場合もあったが、すでに述べたように山内は仮説と実験を重ねて型式を定め、層位に裏付けられた型式間の文様変化の法則性を確立することで、「製作時の同時性」を理論的に保証することとなった。こうしたことを考慮すれば、土器編年

研究の時間的な分析、とくに文様をもとにして時間差を問題にする細分作業を行うにあたっては、山内の「製作時の同時性」を分析する型式研究が適している。

　こうした原因があり、以後の弥生式土器の一様式内の細分は、層位学に基づかない、製作技術をもととした古い要素と新しい要素を比較する型式学的な研究法、つまり進化論を援用したモンテリウスの型式学などの方法で細分がなされていった (例えば佐原 1967 など)。

様式概念の重要性

　では、弥生土器の様式概念は研究法として有効に使えないのであろうか。時間を計る道具としてではなく、土器の使い方に着目した場合、この様式概念は真価を発揮する。土器は木製容器に比べ加熱しても壊れにくく、虫害や外部変化に対しても耐性があるため、加熱加工や貯蔵の道具として優れていると言える。一個あればその両者を兼ねることは可能であるが、両者の作業を同時に行うことは不可能であるため、通常は複数個体備えている。そのため縄文時代、弥生時代に限らず、住居からは多くの土器が出土する。土器に見られる形 (以下「器種」とする) は、多くの種類に分けられる。器種を同じような規準でまとめようとすれば、縄文土器では大小の深鉢、浅鉢であり、後期以降には注口土器、台付浅鉢 (高坏)、壺などが加わるが、この範疇に該当しない形も多い。また、深鉢は貯蔵用にも煮炊き用にも使われており、一つの器種で多目的な用途を想定するのが普通である。縄文土器のセット関係は時期・地域によって大きく異なり、同じ器種でも異なった使われ方がなされるのである。そのため、縄文土器のセットの中に他地域で製作された土器が混在していた場合 (こうした事例は多い)、他地域の土器製作集団と関わりをもっていたことは理解できても、そこから集団の在り方あるいは集団間の関係

を考察することは難しい。

　これに対して弥生土器は地域や時期が異なっていても、原則的に同じ器種から構成される（セット関係）ため、他地域で製作された壺だけがセットに入る事例、あるいは甕も壺も高坏もセットの中に見いだされた事例の場合、前者が容器としての土器の移動であり、後者が移住者としての人の動きが原因であるとすることもできる（佐原1970）。

　また、南関東の弥生時代後期に伝統的な土器製作の系統をはずれた土器（朝光寺原式土器）が、本来の南関東の伝統的な土器製作手法で作られたセット（一様式）の中に存在し続けるという現象がある（第12図B様式）。伝統的な土器は従来久ヶ原式や弥生町式土器などと呼ばれ、これはその前の宮ノ台式土器の紋様（壺の縄文施文・紋様構成）や器形（台付甕）を受け継ぎながら成立した土器である。本来ならば久ヶ原式土器が宮ノ台式土器の広がっていた南関東で主流となるが、後期初頭から多摩川・鶴見川流域では竪穴住居から久ヶ原式とともに中部高地で主流となる櫛描文をもつ土器（朝光寺原式土器）が、一緒に出土する。しかし、一個体の土器で久ヶ原式土器と朝光寺原式土器の要素をもつ土器はほとんど存在しない。これをどのように解釈していくのか。

　様式概念で考えるならば、両土器が壺と甕のセットをもっていることは、それぞれの集団が生活する最低限の道具をもっていることを意味する。そして同じ竪穴住居あるいは同一遺跡から出土することは、久ヶ原式土器と朝光寺原式土器を製作する集団が、住居内あるいは遺跡で共棲していたことを想定できる。その共棲の仕方は、両者の土器製作技術が守られているので、両集団がその地域社会で共存することを認め合っていたといえそうである。朝光寺原式土器の集団の側から見れば他地域にやってきて、久ヶ原式土器の集団の本願地に溶け込みながら、あるいは中期終末にこの地に進出し自らの出自集団を確認・存在意義を認めて貰

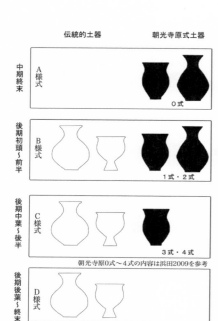

伝統的土器　　　　朝光寺原式土器

中期終末　A様式

0式

後期初頭〜前半　B様式

1式・2式

後期中葉〜後半　C様式

3式・4式

朝光寺原0式〜4式の内容は浜田2009を参考

後期後葉〜終末　D様式

第12図　多摩川流域の弥生時代中期末〜
　　　　後期の様式概念（浜田2014原図）

う地域社会の認知が存在した、こ
れがこの地域のB様式だと考えて
いる（浜田2014）。

　しかし、これが次の後期中葉〜
後半の段階になると伝統的な土器
の壺・甕と朝光寺原式土器の甕だ
けで様式を構成することとなる（C
様式）。朝光寺原式土器の壺が無く
なり、甕だけがC様式の生活道具
として存在する。つまりこの段階
で壺は伝統的な土器に一本化され
ていく。そして、朝光寺原式土器
が使用された中で、C様式の段階
が最も遺跡数の多くなる時期なの
である。前様式と同じように共棲

し続けているならば、壺だけが無くなるのはなぜなのか。また、共棲し
ていた前様式の段階から朝光寺原の集団が居なくなったということも考
えられる。実際次の後期後半から終末になると朝光寺原土器はなくなっ
ていく（D様式）のであるから、この地での朝光寺原の土器作りが行われ
なくなっていく社会趨勢を認めることはできる。しかし、それならばな
ぜ甕だけC様式の時期まで作り続けられたのか。この問題の解決には
様式概念のなかで、壺の果たした役割が大きな鍵を握っているといえる
が、まだその解明には至っていない。しかし、こうした問題提起ができ
るのは、弥生土器の様式構造に特質があるからである。

Chapter 5

石器と金属器

何時から金属器を使いはじめたか

概　要

　弥生時代は、日本で青銅や鉄などの金属器が使いはじめられた時代である。しかし、石器の使用が終わったわけではなく、石鏃や石斧などは金属器と併用しながら、地域によっては弥生時代後期まで使用されていた。また、青銅器や鉄器は弥生時代においても多く利用される地域・時期があるが、関東地方や東北地方からは量・質ともに出土量が少ない。

　ヨーロッパで 19 世紀に提唱された石器時代－青銅器時代－鉄器時代という人類が使用した道具の素材を基とした変遷過程は、日本では適用できないものであった。戦前には弥生時代前期から鉄器・青銅器が使用されたと推定され、鉄器は実用の武器、青銅器は儀礼的な道具という解釈が与えられた。戦後になってもこの学説は補強され、早期の設定後も早期から鉄器が存在すると解釈された。この問題は縄文文化との差、弥生時代の生産性や階級形成の議論を左右するものであり、弥生時代の社会を考える上でも重要な視点であった。しかし、21 世紀になり、AMS 法による弥生時代の年代の研究により、その開始は従来の年代から約 500 年古く遡り、その結果東アジアで最古の鉄器を保有することとなった。そのため既存の鉄器について、その帰属時期の見直しがされ、現在では前期末から中期初頭頃に青銅器と鉄器が弥生文化で使用されると理解されている。つまりそれ以前は純粋な石器時代であった。この *Chapter* ではどのような根拠と思考によって現在の考えに到達したのか、その研究の軌跡を解説していく。

石器時代−青銅器時代−鉄器時代

ヨーロッパにおいて、人類の進化を道具の利器を使って理解する試み（石器−青銅器−鉄器＝三時代法）は、1816年にデンマークのクリスチャン・ユルゲン・トムセンが博物館のコレクションを整理するなかで考案されていった（フェイガン／小泉訳 2010。以下三時代法の成り立ちについては、この書を参照した）。トムセンは科学的な分類の基準として、人類が使用してきた道具の中から利器（鋭利な刃物や武器）を分類の基準とすることで、石の時代から銅・青銅の時代、そして鉄の時代へと至る考えを示した。この三時代法は博物館の展示を通して普及していくが、トムセンのもとで博物館のボランティアになった、ヤコブ・イェンス・ウォーソーが行った石器時代や青銅器時代の墳墓の発掘調査によって検証されることとなった。さらに1865年に、ジョン・ラボックが『先史時代』（原題 *Prehistoric Time*）を著し、石器時代を新旧の二つに分けた。

三時代法は日本では1877年に文部省が発行した、William and Robert Chambers の *Information for the People* を訳した百科全書のシリーズ（菊池 1959、渡辺 1977）の一つに『古物学』[1]があり、そのなかでイギリスの事例として「…先ス其時期ヲ大別シテ、石期黄銅期鉄期ト為シ…」（柴田 1877：p.44）と紹介した。そしてこの年は、「石期」とした「石器時代」が、日本でも実際に存在するということがはじめて認知された年でもあった。

---

1) 渡辺兼庸は底本となった第4版の影印を掲げており（渡辺 1977）、全文を読むことができる。底本冒頭に Archaeology とあり、訳者柴田承桂は「アルケオロジ−古物学ト云エル語ハ…」と記し、Archaeology を「古物学」と訳したことがわかる。

石器時代の認識

1877 年に Edward Sylvester Morse（以下モース）によって大森貝塚が発掘され、英文の *Shell Mound of Omori* とこれを訳した『大森介墟古物編』が 1879 年に刊行された。日本での石器時代の出土遺物を図で示すとともに、発掘と前後しながら行った講演会で解説している。1878 年 6 月 30 日に浅草で行われた大森貝塚の講演会では 500 人を越える聴衆があった。その時の様子を「なまいき新聞」は次のように報告する。「土中出現のものにつき前世界を別ちて四とす。第一粗石世界、第二磨石世界、第三銅世界、第四鉄世界なり」（近藤・佐原編 1983：p.132）。日本で初めての進化論に関する講演も、大森貝塚の発掘に前後して行っている（吉岡 1987）。1879 年のヘンリー・ホン・シーボルトが著した『考古説略』には「石属世時代」と「金属世時代」といった名称があり（シーボルト 1879）、日本にも石器時代が存在し次第に移り変わっていったことが市井の人の間でも理解されるようになった。

石器時代の弥生土器・古墳時代の弥生土器

大森貝塚の発掘の 7 年後、1884 年に最初の弥生土器が貝塚で発見された。そのため弥生人は、縄文人と同じ石器時代の別の人種として研究がスタートした。ただし、縄文土器と弥生土器が異なっていることは、弥生土器の調査をはじめた明治期の研究者も認識していた。縄文土器との違いは土器の形や装飾の方法などがあるが、紋様が少ないことが最も大きな違いと認識されていたようである[2]。そのため、現在理解すると

---

2) 1896 年に蒔田鎗次郎は弥生土器と貝塚土器（縄文土器）との違いを、前者の装飾が簡単、鉄朱を塗る、粗雑な模様・円形・条線・連隊旗のような三角形文を書くとする（蒔田 1896）。1902 年に八木奘三郎は「弥生式土器は概して薄手なるを常とす而して色

ころの土師器やカワラケ（*Chapter3* 参照）も「弥生土器」として認識されていた。これが明治期の弥生土器に石器と金属器のどちらが伴うのかの問題に混乱を来す要因となった（浜田 2018 参照）。

石器と青銅器（明治期）

弥生土器の研究を積極的に行った八木は、1900 年に大きな発見をしている。彼は九州地方への遺跡探索で、筑前国糟屋郡席内村（現福岡県古賀市）鹿部で弥生土器と認識する甕棺から銅剣と銅鉾・銅戈（ただし当時「戈」の認識はない）が出土したことを知り、それに隣接する甕棺を調査する。自らの調査では発見されなかったが、過去の記録類から「銅剣銅鉾は如何なる物と伴って出づるやに従来不明の問題にて有りし、然るに今回瓶の内に在りしと云えば一つの大発見とも云うべき」（八木 1900b：p.10）と土器と青銅器の関係を示唆する。しかし八木は青銅器類が古墳との関係性もあると考えていて、その位置づけに苦慮している。例えば 2 年後の著作において、銅剣・銅鉾・銅鐸などは弥生土器の章ではなく、原史時代（古墳時代）のなかで説明するが、弥生土器の最後には「猶此土石器中には焼米有り、又籾を印せし品あれば石器時代と見る事無論誤謬たるを知る可し」（八木 1902a：中編 p.18）とも記していて、弥生土器は石器時代ではないが、青銅器は古墳時代のものであると考えが揺れている。同じ年の別の書籍では、青銅器の「其時期は古墳時代の第 1 期より、第 2 期の初世に近き品」（八木 1902b：p.12）と理解している。

は素焼土器と等しく「カワラケ」風なり．（中略）、普通は刷毛目の如く細線を附して表面の「ムラ」を取るが常にて中には平らなる箆の類にて光澤を出せし品も少なからず、又斯る土器には鉄丹を内外に塗れるも有り其他表面に模様を描きて更に其内の一部分を彩れるも有り」（八木 1902a：p.6）としている。黎明期に発掘された向ヶ岡貝塚、上駒込 13 番地（蒔田邸）、西ヶ原貝塚出土土器などを参考にしている。

その後も「銅剣銅鉾及びその鋳型は巨甕に伴い人骨に伴い、漢鏡に伴うことを知り得たるにより、その時代も略明かなるに至れること尤も喜ぶ可き点なり」（八木・中澤 1906：p.232）と記載するが、それは原史時代、つまり古墳時代の章での解説であった。

　同じ頃、蒔田鎗次郎が長野市の高等女学校（箱清水遺跡）で弥生土器の出土に石器が伴っていることを報告する（蒔田 1901・1902a）。現在の知識では同遺跡には古墳時代やそれ以降の土器も含んでおり、どの時期の石器か不明であるが蒔田は土器製作に関係した石器だと考えている。その上で弥生土器が、古墳時代に前後あるいは併行した時代のものかは研究課題であるとする。こうしたことに一つの指針を与えたのが、1908年の鳥居龍蔵の報告と愛知県熱田高倉貝塚出土品であった。鳥居は満州出土の石斧・石槍・石庖丁・円石などの形を模式図で示しながら解説し、弥生土器に伴う石器に似ているとした（鳥居 1908）。熱田高倉貝塚は鍵谷徳三郎が道路工事で断面に露出した貝塚を自ら掘り、あるいは出土の状況の聞き取りをして情報を集めた。そして貝層から弥生土器とともに磨製石斧・石鑿・凹石・石鏃などが出土することを報告し、弥生土器使用者が石器を使用していたことを印象づけた。（鍵谷 1908a・b）。

　なお、鉄器についてはこの時期言及がほとんどない。八木は九州の高三潴村の甕棺から「銅鉄の刀矛」（八木・中澤 1906：p.231）があったとし、播磨国可西郡王野村新家と周防国吉敷郡白石村から出土した鉄鉾を図示（同書：p.329、pp.336-337）するが、それ以上の記述はない[3]。ほかに現川崎市幸区南加瀬貝塚の弥生の貝層から鉄器が発見されたという記述（八木 1907a）があるが、それ以後まったく取り上げられることはなかった（浜田・山本 2017参照）。弥生文化の鉄器は、大正末から昭和初期に本格的に議論が始まる。

3）　これが、八木の報告するように鉄鉾であるかは図面からではわからない。

石器と青銅器（大正期）

　弥生文化に石器と青銅器が伴うことが確実になってきたのは、大正期であった。1914年に八木は朝鮮半島を実査し、発見した磨製石器類について図を提示して解説する（第13図：八木 1915・1916a・b）。石庖丁について日本出土のものとの類似を指摘するが、同じ時に朝鮮半島を調査していた鳥居は、さらに踏み込んだ発言をする。彼は自身の朝鮮半島での実査の成果を踏まえて、畿内の弥生土器に伴って出土する石庖丁や湾曲片刃石斧（現在の抉入扁平片刃石斧）は、朝鮮・満州のものと同じであるとした。弥生人（彼は「固有日本人」とする）に石器が伴い、朝鮮半島と関係があると考えたのである（鳥居 1917b）。

　八木・鳥居が朝鮮半島・満州での現地視察を行っていた頃、九州で

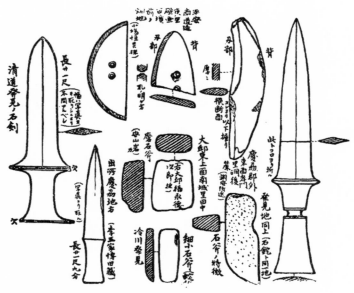

第13図　八木が報告した朝鮮発見の石器類（八木 1916b 原図）

も重要な発見が相継いでいた。高橋健自はこれまでの銅鉾・銅剣の出土地を集成し、現地踏査を通してその誤りを正し、青柳種信の『筑前国怡土郡三雲村所掘出古器図考』に、甕棺から青銅鏡、銅鉾が出土した記述があることを紹介する（高橋 1916a・b・c・d・1917）。残念ながらこの論文は未完のまま終わったが、7年後には弥生土器にこれらの青銅製品が伴うことを確認した（高橋 1925）。

　また、中山平次郎は八木が注目した甕棺とその破片がある 32 遺跡を踏査し、そのうち 6 遺跡から青銅器とそれに関係したもの（銅鉾・銅剣・銅鏡・鋳型・貨泉）、8 遺跡から鉄滓、30 遺跡から石器が出土したことを確かめた。そして石器と金属器が同時に使われていた一時期が存在するとして、「金石両器並用の時代」として弥生文化を位置づけた（中山 1918b・c・d・1920b・c・d、ただし中山はこの時代を独立した一時代とは考えていない。Chapter 7 参照）。高橋と中山によって、弥生文化で石器と青銅器の両者が使われたことがようやく確定されることとなった。ただし、鉄器が確実に伴うことが確認されたのは、これ以降であり、銅鐸についてもその帰属時期は揺れ動いていたのである。

弥生土器と鉄（戦前）

　石器と青銅器が弥生土器に伴うことは、大正期に確認された。では鉄器はどうであったか。この問題については、弥生土器の出土地から鉄滓が出土したという報告（中山 1918b・c・1920 b・c・d）、具体的な出土状態は不明であるが、奈良県唐古遺跡からの鉄片・鉄滓出土（森本 1924a・b・c）の報告があった。さらに 1925 年には福岡県栗山で鉄戈が、1927 年にも福岡県東小田峰でも鉄戈が甕棺内から出土した（中山 1925・1927）。しかしこれらの出土は新聞報道で知り得たもので、甕棺内からの出土を中山自身が調査し確認したわけではなかった。そのため、中山は弥生土器と鉄

東小田峯甕棺 鉄戈と青銅鏡

栗山甕棺 鉄戈

立岩甕棺 鉄剣

第14図　中山が報告した鉄器
（中山 1925・1927・1934 原図）

器との関係には慎重な態度であった。しかし確実な共伴事例を、中山自身が福岡県立岩の甕棺から鉄剣を発見することで確定することとなった。中山は甕棺からの鉄剣の出土について、「後世の遺物が混入すべくもあらぬ弥生式の甕棺からこれが出たのであって（中略）何人もこれを疑う余地がないのである」（中山 1934：p.35）と述べた。これらの一連の発見によって、弥生文化に青銅器とともに鉄器が伴うことが理解されていく（濱田 1932、山内 1932b、森本 1934g・1935、三澤 1936）。

　弥生文化が鉄器を有していたことが、鉄器は腐朽しやすいという特性と結びついて、鉄器その物の存在がなくとも、鉄器の存在を予見する考え方（「姿なき鉄器論」「見えざる鉄器論」）もされるようになってきた。森本六爾は関東で石庖丁が僅少である現象を「久ケ原の如きは大いに発掘されたのに拘はらず、今日では弥生式石庖丁の出現を期待するよりも、むしろ失はれた金属器を考える方が穏当らしく見えて参りました。ここでは盛んに籾痕ある土器を出しますが、鉄の鍬や鎌を使用して農業を行ったのではないでしょうか」（森本 1934g：p.82）と理解しようとする[4]。小林行雄

─────────────

　4)　南関東地域の弥生文化に、石庖丁がほとんど出土しない状態は現在も変わらない。

も同じように「石器の無いことは弥生式文化の場合にはこれに変わる鉄器の存在を考える必要がある」（小林 1938：p.227）と、理論的すなわち演繹的な方法で鉄器の存在を推定し、弥生時代後期に石製利器が完全に欠如しているので、この段階には弥生式文化は完全な鉄器時代になったと判断した。

こうした考えを裏付けるように福岡県北古賀と鶴三緒遺跡出土の石庖丁形鉄器、目尾の小形竹篦状鉄器の存在を報告した森貞次郎は、遠賀川式と須玖式土器が共存する時期（立岩文化）にこれらの鉄器が存在することから、前期後半〜中期に編年される段階での鉄器使用を明言することとなる（森 1942）。森本や小林とは異なり、実際に存在するモノから推測する帰納的な方法による弥生文化の鉄器存在時期の推定であった（ただし、これらの鉄器類は現代の鉄製品の誤認であった。後述）。森の成果を受け杉原荘介は「鉄器や石器に於ける穂摘具としての庖丁形を呈するもの」（杉原 1943：p.190）を根拠に[5]、弥生時代前期後半からの鉄器の存在を述べている。

小林は自身の弥生式文化を語る最も重要な遺跡となった唐古遺跡の報告で、鉄器の存在を前期まで遡らせる推論を展開した。その根拠は第一様式土器（前期）の包含層である中央砂層から出土した、鹿角製刀子

したがって、栽培植物の収穫にどのような道具を使っていたのか、現在でも解明されていない問題の一つである。しかし、森本のような考え方を一般化すると、石庖丁が使用される中期後半の段階で九州〜近畿地方よりも南関東地域が早く鉄製農耕具が普及することになる。つまり、中期後半では九州〜近畿が石製、関東が鉄製という構図となる。しかし関東の中期後半では鉄製斧の出土は確認できるが、鉄製収穫具は確認されていない。こうした状況を勘案すれば、森本の考え方には無理がある。

5)　この石庖丁を呈する鉄器は、森貞次郎の報告した鶴三緒遺跡出土のものであることが戦後、明らかにされるが（杉原 1950：p.11）、杉原は「鶴三潴」遺跡と誤記している（鶴三緒は飯塚市であり、「鶴三潴」が高三潴であれば、現久留米市である）。

把の孔の内部に鉄鏽（鉄錆）を認めたことである。ここから鉄製の刀子の存在を想定した。また、同じように第一様式土器（前期）に伴った木器の表面が轆轤を使用し、滑らかに仕上げている点に金属器の存在がうかがえるとし、また出土木器に銅線を使用して修理している実物があることをあげ、銅器も第一様式から使用されていたことを想定することとなった（末永・小林・藤岡 1943、春成 2006a）。こうした弥生時代前期の段階から鉄が存在したことの推定は、演繹的な方法を用いて、また僅少な遺物（しかし、それらは戦後、弥生時代の鉄器としては除かれる）をもって戦前から行われた。実証的な証拠の乏しいまま、戦前の一つの成果として弥生時代の最初から金属器（銅と鉄）が使用されたと推定し、これが戦後の研究の出発点となった。鉄の存在は、縄文文化と弥生文化の大きな違いとして20世紀のパラダイムになっていく。

銅鐸の位置づけ

　ここで銅鐸の製作時期の変遷をまとめておく。銅鐸はほかの遺物と共伴することなく、単独で出土することが多く、戦前では鋳型も確認されていなかったため、その帰属時期についてはほかの青銅製品とは違った扱いを受けていた。明治期には、銅鐸は主に古墳時代に輸入されたものと解釈された（例えば八木・中澤 1906）。大正期に入り 1913 年に広島県福田から銅剣と共伴（谷井 1913・1914、中山 1918d）、1918 年に奈良県吐田郷で多鈕細文鏡と共伴（梅原 1918、高橋 1918）して出土することが確認された。このことをもとに、梅原末治は銅鐸と銅剣は弥生土器や埴輪などの文様に共通性があり、銅鐸は大和民族が製作したとして、弥生文化と古墳時代に使われたと考えた（梅原 1918）。年代については、濱田耕作は漢代から応神・仁徳期（当時の年代観からすれば土師器を含む弥生土器の使われていた範囲、現代的な年代観からすれば、弥生時代～古墳時代中期）であるとする（濱田 1918）のに

対して、高橋健自は古墳築造以前であるとした（高橋 1919）。高橋はさらに 1920 年に朝鮮半島の入室里（いっしるり）から銅剣・銅鉾・多鈕細文鏡と小銅鐸が共伴して出土したことを踏まえ、銅鐸は銅剣・銅鉾と同時代に日本で製作されたとする、現在のパラダイムとなる考え方を示した（高橋 1923）。こうした考えを受け 1938 年に小林行雄は銅鐸が弥生文化の遺物であり、楽器から祭器として変化したと推定し（小林 1938）、さらに弥生土器の文様や絵画を参考にすれば、銅鐸も弥生土器と同じような変遷があるとした（小林 1941）。

戦前の考え方の問題点

戦前において、弥生文化に石庖丁や石斧など大陸に由来をもつ磨製石器類（大陸系磨製石器）と青銅器と鉄器が存在していたことがパラダイムになる。そしてヨーロッパで区分された三時代区分法が、日本では基準になり得ないことが理解されるようになっていった。そしてその導入時期については、弥生文化の最初から石器・青銅器・鉄器が使用されていたと解釈され、石器は後期にはなくなり、青銅器と鉄器は使用目的に合わせて使い分けられていたとする方向に研究は進展していく。しかしその前提になった青銅器と鉄器の導入時期を決定した理論には、不確かな事例や未検証の事例をもとに決定していったという大きな問題があった。後に詳しく解説するが、前期末から中期初頭段階での石庖丁形鉄器という不確かな資料、唐古遺跡の前期の資料に鉄鏽の付着する骨角器、銅線を使用して修理した土器などがそれにあたる。こうした事例をもとに、戦後新たな不確かな事例も加え弥生文化の開始は金属器使用の開始でもあると説明されることとなる。しかし、21 世紀になり、これも後に解説するように金属器の使用開始は、弥生文化の開始に数百年遅れることとなり、前期末から中期初頭にならないと導入されないと変更され

るようになる。この問題は、弥生時代の社会像に対して大きなパラダイムの変更をもたらした。

戦後の鉄器の問題（北古賀・鶴三緒の石庖丁形鉄製品）

では、弥生時代の鉄器の問題はどのように推移していったのか。

1951年に日本考古学協会に設置された弥生式土器文化総合研究特別委員会が、弥生時代の開始・金属器の所有時期の問題解決のために、愛知県以西の弥生時代開始期の遺跡を中心に発掘調査を実施する。そのうちの一つである熊本県斉藤山遺跡が1955年に調査され、斜面地に形成された貝層から、前期土器（板付式・夜臼式）とともに、鍛造製の鉄斧が発見された（乙益1961）。この事例がそれまで前期後半の鉄器の代表であった、石庖丁形鉄製品よりも一段階古い前期前半の鉄器資料の証拠となった。しかし、石庖丁形鉄製品の位置づけにも大きな変化があった。

斉藤山遺跡が調査された頃、原田大六は北古賀・鶴三緒出土の石庖丁形鉄製品と類似する資料を福岡県の遺跡で表面採集したが、それが現代の農耕具の部品であることを農夫に教えられる。その後宮崎県憶遺跡から、北古賀・鶴三緒出土の石庖丁形鉄製品と類似する資料の報告があり（石川1957）、これが現代の単用型短床犂の床金であることがわかり、原田大六は森貞次郎との連名で北古賀・鶴三緒出土報告を行い、憶出土事例を含めて弥生時代の鉄製品から除外することとなった[6]（原田・森1961）。原田はその報告のなかで、北古賀のものは畑の隅に弥生土器片や土塊と

---

6) 過去の自分の間違いを認めることは、研究者にとって堪えがたいことなのかもしれない。しかし、研究者が生涯間違いを起こさずに研究を続けることはほとんどないであろう。むしろ失敗や間違いを克服しながら事実に近づいていくと考える。その意味で連名ながら自己の事実誤認を報告した森貞次郎の姿勢は、研究者として見倣うべきまた尊敬すべきである。

一緒に集積されていたものであり、憶遺跡は耕作土中から出土したものであったことを明らかにしている。このように石庖丁形鉄製品は出土状況が曖昧な資料であったが、そのことを検討しないままにしていたのが、こうした撤回につながったといえる。この撤回によって戦前の弥生時代前期からの鉄利用の根拠となった実物資料は、事実誤認であったことが理解された。しかし同時期に確認された斉藤山遺跡の鉄斧が、これらの資料に代わって弥生時代前期の鉄製品の実物資料として、これ以降重きが置かれることとなる。しかし、斉藤山遺跡の鉄斧も21世紀に入り、前期の鉄器から除かれることとなることは後述する。

青銅器の位置づけ

　戦前において、銅鉾・銅剣・銅戈は、鉄器と同時あるいはやや遅れて、武器として輸入されたものが、次第にほかの青銅器と同じように宝器・祭器としての機能を有するようになった、とする考え方（例えば小林1938、杉原1943など）に基づき、戦後の議論は鉄器が実用利器、青銅器は非実用利器という考えから出発する（浜田2018参照）。そして鉄器が前期前半に存在するとしたのに対して、青銅器を前期末と位置づけたのは、甕棺出土の青銅器類に基づいている。福岡県板付遺跡の青銅錆の付いた遠賀川式土器後半とした甕棺から導きだされた（岡崎1955）。一方銅鐸については、吊り手部分（鈕）の形態変化に着目した佐原眞の編年によって、位置づけが予測できるようになった。最古の銅鐸は、鈕が吊り下げ

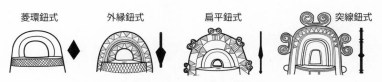

第15図　銅鐸の鈕による編年概念図（筆者作図）

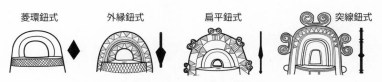菱環鈕式　　　外縁鈕式　　　扁平鈕式　　　突線鈕式

る用途を全うできる形（菱環鈕式）であったが次第に装飾がなされ（外縁鈕式）、鈕が扁平し吊り下げの機能を失い（扁平鈕式）、最後は装飾となっていく最も新しい形（突線鈕式）まで4段階に分類した（第15図）。そのなかで中期初頭の土器にだけ見られる櫛描流水文と外縁鈕式の流水文の類似性から、外縁鈕式を中期初頭に、それ以前の菱環鈕式を前期末に位置づけた。また最新型式の突線鈕式には鹿の絵画があり、後期前半の絵画土器との類似性を認めて、最新型式の銅鐸を後期前半に置いた。こうしたことから、銅鐸を前期末〜後期前半までに位置づけたのである（佐原1960）。このような考証をへて、銅鏡を含めた青銅器は前期末（森1966b）から使用されたという考えが普及した。

　しかし、高度経済成長期を迎え、開発が多くなりこれに付随して増えた発掘調査とその出土品によって、青銅器の分布、使用法、導入時期など、かならずしもこれまでの考え方が通用しない事例も表れてきた。例えばそれまで出土がないとされてきた九州で、1980年に銅鐸の鋳型が佐賀県安永田遺跡（藤瀬1983）、1982年に福岡県赤穂ノ浦遺跡（力武1982）で確認され、銅鐸自体も1988年に佐賀県吉野ヶ里遺跡で出土した（細川2002）。このことは戦前に提唱された九州の「銅鉾銅剣文化圏」と近畿の「銅鐸文化圏」という政治圏が存在するとした考え方（和辻1939、藤間1951）が通用しないことが明らかになった。この件に関して考古学者は比較的慎重な姿勢であったが（例えば小林1951）、九州の武器型祭器と近畿の銅鐸＋銅剣・銅戈という分布によって想定していた状況（佐原1975b）から、九州に銅鐸製作地が確認されたことで、あらためてその分布の意味が問い掛けられることとなった。

　また、甕棺に埋納される青銅器にも実際に武器として使用されたことが理解できる資料も確認された。それには、人骨に嵌入する青銅武器の先端（切っ先）が確認されたことが大きい（金関1951、金関・永井・山下1954、

橋口 1986・1995）。その結果、「日本の弥生時代では青銅器の武器は、はじめ武器として使われながら、後は祭器としての道を歩むこととなる」（佐原 1986：p.7）と、青銅武器の性格の変更が行われた（浜田 2018 参照）。

　残る青銅器の導入時期については、前期末の遺跡から銅剣の破片を再加工した銅ノミと銅鏃、朝鮮半島から輸入された銅剣・銅矛・銅戈や青銅鏡などが中期初頭の甕棺から出土していることで、前期末〜中期初頭に現れると考えられた（例えば小田 1986）。2003 年の AMS 法による年代測定の発表以後、青銅器の位置づけも見直しがされるようになるが、その影響は少なく、むしろ鉄器の位置づけに大きな変更が行われた。

早期の設定と鉄器の出現時期の遡及

　AMS 法により弥生時代の開始期の年代が遡ることを説明する前に、弥生時代早期の説明が必要である（*Chapter*7 参照）。縄文時代晩期末の夜臼式土器に伴う水田の発見によって、この夜臼式段階を縄文時代から弥生時代に組み入れ、「先Ⅰ期」後に「早期」として前期の前に設定された（佐原 1983）。これに伴い弥生時代の開始は従来の考え方よりも 200 年ほど古く遡り、紀元前 5 世紀とされた（金関編 1995 など）。早期が設定された後、1985 年に福岡県曲り田遺跡から早期の鉄片が出土し（橋口編 1985）、この資料によって弥生時代早期の段階から鉄器が存在すると考えられるようになった。佐原は次のように述べる。「弥生早期（先Ⅰ期）の佐賀県菜畑遺跡では、杭の加工痕跡から鉄器使用が証明されており、福岡県曲り田遺跡では、鉄斧（鉄片：筆者註）がみいだされている。京都府竹野郡峰山町扇谷遺跡（Ⅰ〜Ⅱ期）は、花崗岩を基盤とする丘の周囲に二重の溝をめぐらせており、鉄器の使用の盛んだったことを思わせる。今、現物として摑んでいる鉄器から考えられるよりも、はるかに盛んに鉄器は使われていただろう。むしろ、弥生時代の最初から鉄器時代としてとら

え、初めは、石器をあわせて用いる不完全な鉄器時代、弥生時代の終わり近くから完全な鉄器時代として理解するのが明解と思う」（佐原1986：pp.6-7）。つまり20世紀の後半段階において、青銅は前期末から登場するが、鉄器の実物と木杭や堅い花崗岩に穿った環壕が存在するということから、早期にはすでに鉄をもっていたと解釈したのである。しかし、この解釈はAMS法により弥生時代早期の年代が、500年ほど遡ることによって、理論的に成立しないものとなった。

AMS法の年代論と金属器の位置づけ

2003年国立歴史民俗博物館のチームが、AMS法を利用した年代測定の結果を発表する。それは弥生時代の開始年代が従来推定されていた紀元前5世紀よりも500年古く、紀元前10世紀（以下BC、AD表記とする）まで遡るとするものであった（春成・今村・藤尾・坂本2003[7]、今村2003）。この年代観はその後数年にわたり賛否が問われることとなったが、弥生時代の開始時期が古くなったというだけではなく、それまでの弥生文化に付随した要素の見直しにつながった。鉄器もその一つである。

AMS法による年代観は、早期がBC10～BC8世紀、前期がBC8～BC4世紀、中期がBC4～BC1世紀、後期がBC1～AD3世紀というものであった（第16図）。早期・前期・中期の開始年代が大幅に古くなり、中期の後半以降はほぼ従来の年代のままであった。早期・前期が遡ったことで、その時期に帰属する鉄器も遡る。単純に対比させるならば、曲り田遺跡

---

7)　日本考古学協会での発表は、新聞報道が先行して伝えたこともあり、当日の会場は300人ほど収容する教室が立ち見で埋まり、放送局も入り熱気に溢れていた。筆者はたまたま発表の司会者として田中良之氏と会場に居合わせたが、普通は発表時間に厳格であるべき司会者も内容の注目度と質疑の多さに、時間超過を認めざるを得なかった。筆者の「時間が超過していますが」という問い掛けに、田中氏は「重大な問題で議論が面白いので制限は今忘れましょう」とつぶやいたのが耳に残っている。

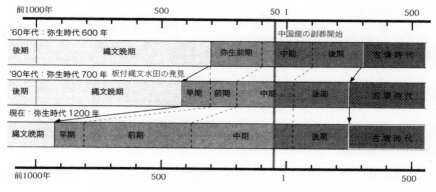

第16図　弥生時代の実年代の推移（藤尾 2011 原図）

の早期の鉄器は BC10〜BC8 世紀、前期初頭の斉藤山遺跡の鉄斧は BC8 世紀に使われたこととなる。しかし、20 世紀までの考古学の成果では、東アジアを見渡した時、鉄製工具が本格的に製作されるのは、中国春秋晩期から戦国早期（BC400 年を前後する時期）である。朝鮮半島では、鉄滓・鋳型の出土から BC3C〜BC2C の時期である（潮見 1982）。弥生時代早期と前期初頭の鉄は、この事例よりも古くなってしまうのである。日本での鉄生産が中国に先行して始まったとした場合、古墳時代以降に鉄器は普及するので、弥生時代の鉄製作の伝統は早期以降、時間の経過とともに色濃く残るはずであるが、弥生時代を通じて鉄器の製作遺跡や製作道具はほとんど見つかっていない。鉄鉱石から銑鉄などを作り出した製鉄の遺跡も見つかっていない。また、鉄製の農耕具は九州でも弥生時代後期にならないと出土しない（村上 1999）ことからも、日本が中国戦国時代にさきがけて鉄器を製作したとするには無理がある。そのため、国立歴史民俗博物館の年代観が間違っているのか、あるいは鉄器の帰属時期が間違っているのか、の議論となった。国立歴史民俗博物館の年代観が間違っていたとする考え方では、その方法や測定対象試料の選定と試料

の由来などが検討された。例えば田中良之は骨や煤など分析試料によって測定結果は異なっているとして、それぞれを測定した結果、早期はBC7世紀前後、前期はBC560〜BC260年、中期はBC3〜AD1世紀、後期はAD1〜AD3世紀中頃という年代観を示したが（田中2011・2014）、この場合でも早期と前期の鉄は、中国よりも古くなってしまうのである。したがって、弥生時代早期・前期の鉄資料の帰属時期は正しいのかという問題の検証が必要となった。

　この問題については、春成秀爾による検討が進んだ。春成は曲り田遺跡・斉藤山遺跡の早期・前期の鉄器については肯定的な意見をもっていた。「九州出土の弥生早期・前期の鉄器は、すでに鉄器が普及しつつあった大陸から運んできた製品であることが確実であって、これらの鉄器は、鍛造の鉄器が卓越しているか、または鋳造・鍛造の鉄器が併存している段階の社会からもたらされたことを示唆している。このことは、鍛造の鉄器を出土した曲り田遺跡の年代の上限が戦国晩期、前4〜3世紀ごろということを意味しているのであろう」（春成1990：p.17）としていた。しかし国立歴史民俗博物館の年代測定に考古学研究者として深く関わったことで、それまでの鉄器について検証を行う（春成2003）。その結果、早期に属すると考えた曲り田遺跡の鉄片は、早期の土器に伴って出土したことを示す図面・写真が発掘調査報告書には掲載されていなかった。つまり早期に伴う鉄器なのかを判断する客観的資料がない。そのため、類例の増加があるまで早期の鉄器としての位置づけを保留するとした。前期の奈良県唐古遺跡の鹿角製刀子把の鉄鏽は、その前提となった鉄製小刀の柄であるという推定に対して、鹿角製品の穴の断面が小刀であれば扁平であるはずが丸くなっており、この鹿角製品は小刀を装着するものではなく、そもそも鉄製品を装着することは想定できないとした。その上で、埋没した環境がもたらした鉄分を含む地下水が結合した

もの（酸化鉄）であると結論づけた。斉藤山遺跡の鉄斧は斜面地に形成された貝層からの出土であるが、その層からは前期の土器とともに大量の中期初頭の土器も出土している。また出土した貝層の上位にも貝層があり、それぞれの層序が逆転しており、崖上から落ちて混入した、つまりこの貝層には伴わないと判断した。このようにして早期と前期の鉄資料は年代的な根拠を疑われることとなった。こうしたことを受けて、春成は従来の早期と前期の鉄器を否定する。それは自分自身の過去の見解の否定になるが、当時の状況について村上恭通の著作を引き合いに、「早・前期の叙述が明解でないものになっているのは、他の研究者の発掘報告の内容を疑うことを夢想だにしない、あるいは不謹慎とする考古学界の雰囲気のなかではやむを得ないことであった」と述べている（春成2006b：p.179）。こうした配慮は本質的に学問にはあってはならないことである。理屈に合わないあるいは事実に根ざさない疑いは論外であるが、調査報告を検討することは文献史学の史料批判と同じ基礎資料の妥当性を検証する、必要不可欠な作業である。

現在の理解

AMS法による弥生時代開始年代が遡及したことを受けて進んだ鉄器と青銅器の出現時期については、現在次のような見解が一般的であろう。まず青銅器は再利用・再加工した小型の製品が前期末に存在するものの、完全な製品として確認されるようになるのは中期初頭である（吉田2008・2014）。一方鉄器は前期末頃に舶載鉄器が出現しており、中期初頭になると定型化した二条突帯斧と呼ばれる鉄斧あるいはこの再加工品が出土するようになる（野島2009a・2014、藤尾2014）。青銅器・鉄器とも前期末頃に出現し、中期初頭以降には青銅器は日本での鋳造が行われるようになる。鉄の加熱処理を伴う技術は、中期中葉になって行われるよう

になり、それまでは輸入鉄器が破損すると、磨製石器の製作と同じように、破損鉄器から部品をとりそれを磨くことで刃部を造りだすという製法を行っていた（野島2009b）。以上は弥生時代の金属器をめぐる位置づけであるが、青銅器や鉄器の輸入元である中国大陸の鉄生産についての位置づけの変更も行われた。

　20世紀まで、先に述べたように東アジアでは戦国時代の燕を代表に、鉄器が生産されたと考えられてきた。朝鮮半島・日本への鉄器の伝播は、この燕の影響が強いとされた（潮見1982）。その年代は燕が朝鮮半島西北部、遼東半島まで勢力を伸ばしたとされる『史記』匈奴列伝第五十の内容によって、紀元前3世紀と考えられてきた。しかし、その年代を青銅器と副葬土器から検討した石川岳彦は、遼東山地（千山山脈）以東（現在の北朝鮮に隣接する地域）における地域で、燕国の文化の流入は紀元前4世紀まで遡ると推測する（石川2011）。さらに紀元前6世紀後半から紀元前5世紀頃に存在する遼西式銅戈は、朝鮮の銅戈に形態が近いことから、弥生時代の銅戈の系譜につながるとし、この時期までを青銅器の年代的な位置づけとして視野にいれている。燕国の金属器は弥生文化での金属器の基準点になるものであるだけに、その位置づけの変化は弥生文化の金属器の解釈に大きな影響を及ぼすものである。鉄器については紀元前3世紀から紀元前4世紀まで遡ることは、弥生文化の鉄器の上限が紀元前4世紀の資料が出土しても矛盾しないということである。とともに、依然として紀元前4世紀よりも古い、弥生時代早期～前期後半までの鉄器は、論理的に検証が必須とされる資料となるのである。

Chapter 6 弥生農業

水稲と畠作をどう理解したか

概　要

　「弥生文化は、水稲農耕を基盤とする社会である」。弥生文化を言いあらわしたこの言葉は、事実を含んでいるが誇張された言葉でもある。明治期に弥生土器とともにコメを確認、大正期に弥生文化には農耕が伴うと確信され、戦後静岡県登呂遺跡で水田が確認されたことで確定した水稲農耕は、その後クローズアップされていく。それには現代まで日本人の主食として存在するコメの生産が開始された原点であること、戦後席巻する唯物史観に沿った解釈に適した材料であること、縄文文化との比較の基準として鮮明でわかりやすいなど、さまざまな原因が存在した。

　しかし、21世紀に入り弥生文化は水稲農耕だけではなく、畠作も一定以上行われていたことや、農作業に従事しない人びとの存在も再び議論されてきた。また、縄文文化にもダイズ・アズキなどの栽培植物が少なくとも中期の段階から存在することも確認されるようになった。それまでの狩猟・漁撈・採集の「獲得経済」から、水稲耕作を行う「生産経済」への変換、日本での新石器革命が弥生文化から始まった、という考えに再考を促すこととなった。そして現在、弥生文化の開始を水稲耕作を基準とする従来の考えに沿った場合、九州・四国・本州の間で、その開始時期が最大700年ずれることも提示されることになった。どのような思考過程や証拠によって、これらの考え方が提示されるようになったのか。この Chapter で解説していく。

明治期における農業開始の認識

　日本には何時から農業が存在するのか。この問いかけに明治期の研究者が疑問を差し挟むことはなかった。『日本書紀』の神代巻上の第11の一書に保食神が殺されたあと、身体から牛馬、粟、蚕、稗、稲、麦、大豆、小豆が生じた記事や、神代巻下の第2の一書に瓊瓊杵尊が天孫降臨する際に、天照大神は高天原にある神聖な稲穂をもたせたという、斎庭稲穂の神勅の記事などから、天孫降臨族の末裔（大和民族）が築いた古墳の時代には、農業が存在していたことは日本歴史の前提であったからである。そして1877年に大森貝塚が発掘され、古墳時代以前に漁撈を生業とし、農業を知らない石器時代民族が日本列島にいたことが証明されたことで、『記紀』の記述のように非農耕民（石器時代民族）を農耕民（天孫降臨族）が駆逐したと理解されていた。1884年に弥生土器が発見されて以後も、その考えは基本的に変わらなかった。その背景には弥生土器が出土した場所が貝塚であり、縄目の紋様がある土器であったため、石器時代の一つとして認識されたからであった。そして一度「弥生式土器」が認知されると、石器時代土器（以下縄文土器）と区別して議論されるようになる。ただし、弥生土器として意識されるようになった1894年以降は、紋様が少ないあるいは無紋の素焼き土器も弥生土器の範疇に含めることが多く（Chapter 3 参照）、この傾向は昭和戦前まで続いた。

実物資料と圧痕からの食料推定

　そうした中で、初めて弥生土器に穀類が伴うことに言及したのが蒔田鎗次郎であった。1897年に東京道灌山の工事法面に現れた竪穴の断面から、麦のような痕跡ある粘土塊3個（蒔田1897）、また、長野県箱清水遺跡から焼き麦が出土したことを報じた（蒔田1901）。しかし、前者は一

緒に出土した土器の提示がなく、弥生時代に伴うものかはっきりしない。この報告で現在では平安時代に位置づける小型台付甕と甕（武蔵型のいわゆる5字状口縁甕）も、弥生土器の仲間として報告しているので、その時期に伴う可能性も存在する。後者の事例は戦後になって佐藤敏也が、東京大学に残されていた資料を観察し、籾の焼けたブロック、つまりイネ[1]であったことを報告するが（佐藤1971）、箱清水式（後期）の土器に伴っていたかの確証はもてない。同じようなことは八木奘三郎が1905年に、弥生土器とともに焼けたコメを発見し、また弥生土器に籾圧痕が存在することを報告したが、どのような弥生土器であるのかの詳しい記述がない（八木1902a）。この報告のなかで八木も、現在の古墳時代以降の土師器を弥生土器の範囲としていることがわかるので、八木の「弥生土器」に伴うコメ関係資料は、不確実なものといえる。とはいえ、蒔田と八木の報告は、弥生土器使用者が農業を行っていたことを、以後の研究者に印象づけた点では、充分な意義があったといえるだろう。

こうした状況で、弥生土器にコメが伴うことを確実な資料として報告したのが、中山平次郎であった。中山は京都帝国大学福岡医科大学（後の九州帝国大学医学部）の病理学の教授であったが、九州北部での考古学研究に邁進した研究者でもあった。中山は研究フィールドの特質か

---

1) 「稲」「（稲）籾」は植物としての状態。「籾殻」は稲の外皮を指す。籾殻を取った（脱穀）状態の中身を「玄米」、玄米の外皮である「糠」「胚芽」を取った（精米）状態を「白米」という。脱穀前を「稲」、脱穀後を「米」と呼び、考古学的にはこれらの特徴がわかる状態で出土することも多い。なお、学術用語として使用する場合「イネ」「コメ」とカタカナ表記にするのが通例である。稲にはアミロースを含む「粳」、アミロースをまったくあるいはほとんど含まず強い粘性をもつ「糯」の区別がある。アジアイネ（oryza sativa）には短粒のジャポニカとインディカの2種類があり、日本で出土するものはすべてジャポニカである。また、稲は水田でも畠でも生育することができる。前者を「水稲」、後者を「陸稲」（りくとう・おかぼ）と区別するが、考古資料のイネやコメ（多くは炭化している）がどちらであるのか判断することは難しい。

ら甕棺を調査する機会が多くあり、その報告や出土品から弥生時代の実年代を導き、弥生文化が縄文時代と古墳時代をつなぐ中間的な要素をもつ金石両器併用時代（金石併用時代）であると提唱するなど、大正期以後の弥生文化研究に大きな足跡を残した。中山は 1920 年に福岡県八女市岩崎の弥生土器を出土する遺跡から、焼米（炭化米）を発見したことを報告し、弥生文化に稲作が存在したことを指摘した（中山 1920a）。しかし、この時は偶然発見されたもので、出土した弥生土器についても図示されておらず、また、竪穴らしきものを検出するという、いわば状況証拠によって推定したものであった。しかし、3 年後の 1923 年に同じ岩崎の竪穴断面から焼米（炭化米）を検出することに成功し、弥生文化に稲作が伴うことを確信することとなった。この時の報告では、同じ竪穴から出土した土器の類例が、以前報告した資料（席内村鹿部の甕棺破片：中山 1917a）にあることを示した。これらは現在の中期須玖式の特徴を備えるものである。中山は弥生文化を「純然たる石器時代というべきでは無く、文化の程度は業に金石併用時代に進んで居たのであって、彼ら－少なくとも彼等の或るものは既に確かに農業を営み作物としてイネを有して居たといわねばならぬ」（中山 1923：p.11）と、弥生文化が農耕社会であることを明確に宣言した。弥生文化に農耕が伴うことは、ここに初めて確認されたといえる[2]。なお、この時の岩崎出土の炭化米は、中山から東京大学に寄贈・保管されており、2015 年に植物形態学的研究、放射性炭素年代測定、炭素・窒素同位体比分析が行われた。年代測定では ^{14}C 年代値が、2090 ± 30BP（暦年較正値 163〜56calBC、1σ）であり、現在の弥生時代中期の年代にあてはまる（設楽・佐々木・國

2）弥生文化の農耕の存在の提示が中山に始まることは、すでにいくつかの文献で述べている（浜田 2002a・2018）。そちらも参照願いたい。

木田・米田・山﨑・大森 2015）。中山の考えが正しかったことが裏付けられている。

　中山によって弥生文化が農業をもつことが確認されたが、別の方法で農耕を証明しようとしたのが、山内清男である（山内 1925）。山内は宮城県桝形囲貝塚出土土器の底部に籾の圧痕（さまざまなものが押しつけられたり、圧力が加わりついた痕跡）があることを、底部の石膏型を撮影した写真で示し、これが「弥生土器には加え難き石器時代である」[3]（山内 1925：p.162）とした。その後この圧痕土器（桝形式）は「弥生式的特徴が多く、底部に稲の圧痕のある例があり、又弥生式に伴存する石器類を伴出することがある」（山内 1930：p.120）、「陸前の大洞 A' 式は直後又は一型式をおいて、弥生式的特徴の濃厚な桝形式に移行する」（山内 1930：p.127）として縄文土器ではなく弥生土器に位置づけることにしたため、縄文文化のイネ資料というインパクトは薄らいでいく。しかし、土器圧痕を用いた分析方法は、それ以降の研究に大きな影響を与えることになる。この桝形式の土器圧痕の石膏型写真がこれ以後複数の書籍や論文などに使用[4]されたことはその証左であるし、後述する 20 世紀末に始まるレプリカ・セム法も、基本的にはこの圧痕を用いた方法であることからも、それが理解できる。

----

3)　この論文「石器時代にも稲あり」は、山内が長谷部言人に渡した原稿を長谷部が加筆訂正したものが掲載されたという。そのため、山内は自分の著作ではない、と述べている（山内 1967）。元の山内の草稿では「縄紋式、アイヌ式、貝塚式と呼ばれて居る土器と同系統のものである事は明らかであるが、否まれないのは縄紋式的色彩が薄く、却って弥生式的傾向が著しい点である。（縄紋の配置、刷毛目、同心円紋、格子様紋等々に於いても文様に於いて土器型態に弥生式へ今一歩と云う様なものがある）」（山内 1967：p.206）としている。
4)　例えば藤森栄一（藤森 1933）、三澤章（三澤 1936）、小林行雄（小林 1938）、樋口清之（樋口 1939）、森本六爾／藤森栄一編集（森本 1946）などがある。

遺物からの食料推定

　昭和に入ると、栽培植物の実物資料と土器圧痕からの研究を基礎として、弥生文化に伴う銅鐸・土器の絵画・石器・弥生土器の構造などの分析によって、農耕社会であることの証拠が加えられることとなる。

　銅鐸に穀物の脱穀を描いた絵画があることは、1891 年に理解されていた（若林 1891）。しかし、銅鐸は大正の末年になるまで弥生文化に伴うのか明確ではなかった。ようやく 1923 年に髙橋健自（高橋 1933）、そして鳥居龍蔵が石器時代の後、古墳時代の前に銅鐸が存在したことを述べ、若林勝邦の解釈をなぞる形で銅鐸使用民が農業を行っていたことを紹介する（鳥居 1923）。そして昭和に入り森本六爾は、銅鐸に狩猟・漁撈・農耕の三つの要素があり、共同的集団的な労働が存在したことを強調する（森本 1934f）。しかし、以後森本は狩猟・漁撈の要素には言及しなくなる。

　石器については農耕具・収穫具としての分析が、山内清男を中心に進められた。山内は弥生文化に伴う片刃石斧が、農耕の存在しない縄文文化にはなく、農耕が存在する弥生文化にあるとして、片刃石斧の分析を行う。山内はヨーロッパで片刃石器は手斧、横斧、鍬として使い、弥生文化の片刃石斧も刃と柄が直交して付けられる。そのためいくつかの用途が考えられるが、最も適しているのは土堀の用途であるとして、これが弥生文化の農業の発達を示す道具と結論づける（山内 1932g）。山内の推論に対しては、手斧・横斧・鍬のなかから鍬とした理由が不明確・強引であるといった誹りは免れないが、おそらくは縄文文化にはなく農耕が行われた弥生文化に登場する石器であるため、そうした判断になったと考える。その後、1937 年に小型の扁平片刃石斧は工具であると一部訂正した。しかし、同じ年に後述する奈良県唐古遺跡から木製の鍬先や木製の踏鋤等、当時の農具から用途が推定できる資料が確認できたこと

で、小林行雄によって片刃石斧は木工具に変更されることとなった（小林 1938）。石庖丁については、鳥居龍蔵や梅原末治などが食物調理具としていた（鳥居 1908、梅原 1922）が、1923 年刊行のアンダーソンの『中華遠古之文化』を紹介しながら、石庖丁と同形で鉄製の銍鎌^{ちつがま}があり、これが高梁^{こうりゃん}の収穫鎌として用いられることが横井肇（坪井良平）から紹介される（横井 1927）。そして山内（山内 1932e・1934a・b）と森本（森本 1933a・1934c）によって、石庖丁は穂首周辺で摘み取るための道具（穂摘具）であるとして、農具としての意義を認めていく[5]（森本 1934e）。

遺跡立地からの食料推定

大正から昭和戦前において、弥生時代のイネは水稲であったとする想定に反対はなかった。日本の風土で有史以来水稲が行われてきたからである。それを前提として、鳥居龍蔵は大和弥生文化の遺跡が低地に存在すること（鳥居 1917a・b）や中山平次郎が九州の焼米を伴う遺跡が低地に存在することを述べ（中山 1920a）、遺跡の立地を農耕と絡めて考察していた。八幡一郎は長野県南佐久郡での先史時代前期（縄文時代）と先史時代後期（弥生時代）の比較では、後期の方が低地に進出しており、金属器の出現とあわせて、そこに生活様式の変化＝原始的農業が発生することを主張し（八幡 1928）、山内清男も弥生文化全般を概観するなかで低地への進出の原因に農耕を考えた（山内 1932e）。森本六爾は、そうした資料をまとめ低地遺跡を評価（森本 1933a・b・c）する[6]など、遺跡の立地からも

---

5) 大村裕によれば、アンダーソンの文献は甲野勇によって紹介されており（甲野 1925）石庖丁が穂摘用の農具であることはアンダーソンがすでに述べており、プライオリティーの問題はない。しかし、石庖丁の問題でも山内と森本の間には確執があることが解説されている（大村 2021）。

6) 森本は低地遺跡と農業との関係についての鳥居ら先学の研究を明示せず、創見の如く記載しており、問題は大きい。

弥生式文化が（水稲）農耕を行うことを推測するようになっていた。

発掘調査からの食料推定

　大正期以降の研究は、弥生文化が稲作を行う社会との推測を強く打ち出した。しかし弥生土器とともにイネが出土、あるいは土器圧痕として確認されても、そのイネが交易の結果もたらされたものと考えることもできるし、片刃石斧も農具としての機能が想定できるといった、いわば状況的な証拠によって想定された考えであった。そうした懸念を払拭したのが、奈良県唐古遺跡と静岡県登呂遺跡の二つの発掘調査である。

　唐古遺跡は 1937 年に調査された遺跡で、現在は唐古・鍵遺跡と呼ぶ。調査を指揮した末永雅雄は、その進捗状況を日誌の形で毎月、雑誌『考古学』に掲載した（末永 1937a・b・c）。この日誌によって低湿な地に営まれた遺跡から、脱穀具である杵、農耕具である打鍬・踏鋤などの木製農具とその未製品が出土したことが伝えられた。これらの木製品は調査した昭和戦前に使用されていた農具と、刃部が鉄である以外は変わらない形態のため、容易に農具であると推測できた。また穂首を束ねたイネのほか、ユウガオ・トチ・カシ・モモ・ヒョウタンの種子なども出土したことによって、弥生文化の農具と種実の実物も確認することができた。唐古遺跡は低湿地にあり植物性遺物が残りやすい条件が幸いし、木製農具や稲穂が出土するなど資料に恵まれ、これまでの状況証拠を直接証拠として裏付けることが可能となった。唐古遺跡の報告書は、1943 年に刊行された（末永・小林・藤岡 1943）。

　一方登呂遺跡については、唐古遺跡の報告書が刊行された同年、静岡市の軍需工場建設に伴い大量の木片が出土し、ここを実査した安本博が唐古遺跡に匹敵する弥生式集落であることを報告した（安本 1943）

ことに始まる。この遺跡が後に登呂遺跡として、日本で初めて弥生時代の水田を確認した遺跡として記録されることとなるが、戦争中での発見・報告であったため、時局柄それ以上の進展をみることはかった。戦後になり1947年に東京の大学や研究者などが集結して発掘が行われ、弥生時代後期の集落と用水をもつ水田を検出することに成功した[7]。このことによって、炭化種実・土器圧痕や石製農具の存在、弥生遺跡の低位面への移動など、間接的に証明されてきた弥生時代の農業は、実際の耕作地の発見によって確実なものとなった。弥生時代の水稲耕作を実証した点で、登呂遺跡の果たした役割は大きい。

戦前の弥生文化食料の認識

弥生文化が米を栽培していたことは、戦前の研究で確実となったが、米以外の栽培植物や食利用植物、動物性タンパク質の摂取などについては、どのように理解していたのであろうか。

樋口清之は奈良県新沢村一遺跡において、食料残滓と考えられる獣骨や粟、スモモなどが出土していることを報告する（樋口1926）。鳥居龍蔵も「粟もあれば、稗もあり、麦もあり、黍もある」（鳥居1932：pp.492-493）とし、山内も「しかしこの時代の生活手段は全く農によった訳ではない。籾殻を出す竪穴住居（大和国新沢村一）から、胡桃、栗、李、樫の如き堅果、鹿等の動物の骨が発見されるから、農業と共に狩猟、採集等も行われた」（山内1932e：p.60）と述べている。しかしこうした内容を吟味すると、例えば鳥居の述べる麦や稗などの穀類は、確認したのではなくあくまでも想像であった。

---

7) ただし、平成期に入ってからの再調査によって、集落と同じ時期と推定した水田は一段階新しい水田であり、その下層に弥生時代の後期水田が存在することが確認された（岡村2008）。

コメ以外の実物資料として堅果類が存在していたことは戦前の研究から判明していたが、コメとそれ以外の出土種実との関係は、例えば森本が「畑が行われたのは、相当後で、続日本紀等にも百姓が、陸田の利を知らずと記している等はこの間の事情を物語るものであろう。（中略）我が国では耕作地は低湿地より初って、漸次時代と共に、より高くへとはい上がって行ったものらしい」（森本 1933a：p.3）という記述からは、畑[8]作物はかなり遅くに作られたと想定していたのがわかる。戦前に想定された弥生文化の農業については、水稲の単作であったか、アワ、ヒエ、キビなどの畑作物も交えた農業であったのかの未解決の問題があった。しかし、唐古遺跡と登呂遺跡の発掘調査による水稲農耕を示す遺構・遺物の出現によって、次第に水稲の単作であったという考えに傾いていった、といってもよいであろう。

戦後の弥生農業の概略

登呂遺跡の水田の調査は、その後の弥生文化研究を決定付ける重要な成果となった。明治期から推測していた弥生文化の稲作は、登呂遺跡から水田を検出したことで水稲であると確定した。このことは戦後の弥生文化研究が、遺物の使用目的・存在理由、遺跡間の関係性、儀礼システムの理解・社会構造の基本原理などに対して、水稲耕作を基軸に分析した多くの研究成果を生むことにつながった。さらに、弥生文化を縄文文化と対比するための要素として「水稲耕作」が強調されてもきた。縄文文化を狩猟・漁撈・採集活動（獲得経済）とし、その対

8）「はたけ」には、「畑」「畠」の国字があてられる。前者は「火田」であり焼き畑を表している。後者は「白田」で乾燥した田圃を表している。一般的（当用漢字）には「畑」を用いることが多いが、弥生時代の焼き畑が存在したか不明であることから、本書では引用文や学術用語として使用されている場合を除き「畠」で統一する。

局に水稲耕作（生産経済）を据えて、縄文あるいは旧石器時代以来の日本歴史を叙述する方法や歴史観が、登呂遺跡以後の研究で多勢を占めることとなった。唯物史観はその最も大きな潮流であったといえる。しかし、そこには水稲耕作以外の生業、例えば稲作だけではなく畠作は行われていたのか、そうだとすれば、弥生社会に与えた影響をどのように復元していくのか、といった研究は非常に少なかった。また、海洋を舞台に生活した人びとなどの分析を通して、弥生文化を考えて行こうとする姿勢が抜け落ちることとなった（浜田 2019、浜田・中山・杉山 2019）。以下、水田や稲作だけを基盤に日本の農業や文化を考える方法を「水田単作史観」（木村 1996）とした名称と内容にならい、考古学ではコメ（水稲）の存在をもとに社会復元をしてきた戦前の研究を踏まえ、「水稲単作史観」（浜田 2019）と言葉を代えて、「水稲単作史観」を批判的に紹介する視点で、戦後の弥生文化の生業問題を述べていくこととする。

　戦後から現在までの弥生時代の生業のうち、農業についての追究は、稲以外の食利用直物の模索期、水稲単作史観の形成期、水稲作／畠作の比重問題提唱期、新たな方法論と視点の導入期、脱水稲単作史観への模索期といった流れで理解することができる（浜田 2018）。

稲以外の食利用植物の模索（1945〜1960 年代）

　この時期イネ以外の栽培作物・食利用に供した植物が、弥生時代に存在したと考えていた。その根拠には出土種実からのアプローチ[9]、石器

---

9) 登呂遺跡出土からヒエ・ウリ・ヒョウタン・モモなど（前川 1949・1954）、杉原荘介はモモ・クリ・クルミ・ブドウ・シイなど（杉原 1950）、小林行雄はモモ・マクワウリ・ユウガオ、豆類・堅果類（外皮が硬い殻に覆われた栗やドングリ（カシ・ナラ・カシワ・シイなど）を総称した言い方）（小林 1951）、森貞次郎はコメ・アワ・コムギ（森 1966a）など、出土あるいは想定される食利用植物を列挙している。

からのアプローチ[10]、もう一つの理由に遺跡の立地があった[11]。

　しかしこうした考え方も、出土種実の「確実な資料が豊富に発見されるまで」（小林 1951：p.102）は、弥生時代に利用されていたか保留する研究者が多かった。石器からのアプローチも畠作用か確証を得られないとし（小林 1967）、その後これらの石器についての分析は行われなくなる（近藤 1966）。また、立地についても高地性集落が、争乱に関係する遺跡であるとする議論（小林・佐原 1964）に飲み込まれる形で言及が少なくなっていった。

水稲単作史観の形成（1960～1970 年代）

　弥生文化を水稲単作史観で理解しようとする研究上の分岐点は、1960 年代にあった。その研究の潮流となった背景には、唯物史観によって弥生社会を分析していこうとする方法の隆盛、「縄文農耕論」の検討と否定、高地性集落が戦争に関係する遺跡であることが議論されたことの 3 つがある。

　唯物史観の基本は経済活動の変革を通して、人類の社会は無階級社会から階級社会へと進む法則から、歴史を見ていく方法である。日本の場

---

10)　藤森栄一、松島透、近藤義郎によって（藤森 1936・1951、松島 1953a・b・c・1964、近藤 1960）、長野県伊那谷から出土する中期の打製石器（打製石庖丁を畠作物用、打製石斧を段丘面の堅土の耕作用）が畠作用具とされ、同じように九州でも後期後半段階に有肩打製石斧がシラス台地に適した畠作農耕具ではないか（森 1966a）と想定している。

11)　水稲農耕が一般的な弥生時代に、水稲耕作が営めない高所にある集落（高地性集落）の性格をめぐっての小野忠熙の解釈である。小野は高地性集落の性格について複数の考え方を示し、最終的に畠作に重きをなす集団が営んだ集落であると結論づけた（小野 1958・1959）。森も九州では中期になり台地上に集落が展開することを取り上げ、アワ・コムギなどが出土していることも含め、「畑作農耕の発展を考慮しなければ解釈できにくい」（森 1966a：p.64）と述べた。

合水稲農耕を媒介とすることで水稲以前と以後、そして現代まで同じ経済要素（水稲）を指標として歴史の発展を比較検討することが可能であるため、重要な指標ととらえられたのであろう（Chapter 2 参照）。人類が食料供給を支配するようになった革命的な出来事、チャイルドのいう「新石器革命」（チャイルド／ねず訳 1951）を弥生文化の水稲にもとめたのである。佐原眞は明確に表明するが（佐原 1975b）、それ以前にも例えば 1962 年畠作の存在に積極的に発言していた近藤義郎が、当時の自然環境と鉄器が普及していないことから弥生時代の畠地化は困難である（近藤 1962）として[12]、日本は水稲に適していることを表明する。また 1966 年に和島誠一は生産力の発展の基礎となったのは稲作農業である、と根拠を述べずに無条件で前提とする（和島 1966）。近藤義郎も同様な考えを示し（近藤 1966）、弥生時代の水稲農業の重要性を強調している事例は、水稲を日本の歴史を語る際の標識として使いたい意識の表れと考える。その影響は唯物史観が全盛であったこの時期以降の研究に強くあらわれ、弥生時代の稲以外の食利用植物についての議論は下火になっていく。

　縄文農耕論は、縄文時代に農耕が存在していたかどうかの議論である。弥生時代に先駆けて農耕が存在していれば、水稲が弥生時代から始まったとしても、そこが農業の開始ではなくなる。主要な生業ではないとしても、すでに農業を経験している社会に、新たに水稲が加わったという解釈が可能になる。縄文農耕論が盛んに議論される 1960 年代は、「文化伝播論」「文化変容論」が終結（浜田 2018 参照）し、弥生文化は在来の縄文人が渡来人の技術的・思想的な影響を受けて成立したと認知されてきた頃である。縄文文化の農耕の伝統を引き継いでいるのかどう

---

12)　ただし近藤は丘陵・台地上に集落を作ることができた当時の技術力を、畠地化に関連づけて論及していない。

か、その正否によって弥生時代に占める水稲農耕の歴史的意味は異なっ
てくる。そうした意味において、縄文農耕論は弥生文化の生業問題に
深く関わっている。縄文農耕論は、昭和戦前に大山柏（大山 1927・1934a・
b）や山内清男（山内 1937b）によって議論されていたが、戦後藤森栄一（藤
森 1950）、澄田正一（澄田 1955）、酒詰仲男（酒詰 1957）、江坂輝彌（江坂 1959）
らによって再論された。そして 1961 年長野県井戸尻遺跡からパン状炭
化物の出土（中期農耕論：藤森 1965）、1965 年大分県大石遺跡の発掘（晩期農
耕論：賀川 1972）を経て、1966 年に行われたシンポジウムが大きな画期と
なった（書籍化は 2 年後：石田・泉 1968）。このシンポジウムは縄文中期と晩
期に農耕が存在したか否かというテーマで行われたが、両時期の農耕を
論証する方法や証拠の提示に、多くの反対意見が出る（例えば永峯 1964、乙
益 1967、佐原 1968）。また両時期とも農耕を裏付ける資料に説得性を欠いて
いたこともあり、これ以降、縄文農耕論は成立しないというのが、学界
の共通認識となった（ただし、晩期農耕論は 1980 年代前半以降、中期農耕論は 2000
年代後半以降に実証されることとなった。後述）。そして農耕技術は弥生文化に
なって新しく導入されるものであり、イネを基本とする弥生時代観と
なっていく。佐原眞は「水稲耕作を根幹とする日本農業、米を主食とす
る日本の食生活」（佐原 1975b：p.115）が弥生時代に開始されたとして、水稲
単作史観を鮮明に打ち出した。弥生時代の農業＝水稲として、以後弥生
時代を米と金属の時代として位置づけるようになる（佐原・金関 1975）。

　高地性集落は、水稲耕作を行っていた弥生時代にあって水稲耕作に不
利、あるいは実施できない高所にある遺跡であり、当初は畠作を主体と
する集団の集落であるとする考えをとった（小野 1958・1959）。しかし、そ
の後出土する石鏃を武器とし、高地性環濠集落の存在などから争乱に関
連した遺跡だとする意見によって（小林・佐原 1964、佐原 1975a・b）、畠作の存
在も否定されることとなった。

このようにさまざまな側面から水稲農業の重要性を付加することによって、「雑穀」として一括されるアワ・キビ・ヒエ・マメ類や堅果類は、弥生文化を解明する要素として、分析の対象外になっていったといえるだろう。1960〜1970年代は弥生時代の農業を「水稲単作」とする理解が確立した時期であり、現代にも影響力が残る考え方の出発の時期でもあった（浜田 2019）。

水稲作／畠作の比重問題提唱（1980〜2000年代）

1970年後半から1980年前半に福岡県板付遺跡、佐賀県菜畑遺跡で縄文時代晩期終末（夜臼式）の水田が確認された。板付遺跡・菜畑遺跡から確認された水田は、縄文時代の水田あるいは弥生時代の水田どちらととらえるのか、賛否が分かれた。土器によって時代区分する伝統的なとらえ方では「縄文時代の水田」であるが、水田の確認がなされている以上これを弥生時代とする意見が強くなる。そして夜臼式土器も弥生土器になるとし、板付Ⅰ式に先行する夜臼式段階を後に「弥生時代早期」として新たに時期設定を行った（佐原 1983）。縄文晩期農耕論は1960年代に扱った資料や方法とは異なるものの、立証されたのである。1960年代の晩期農耕論の段階でいえば、弥生文化（板付Ⅰ式）に先駆けて、水稲栽培が存在していたことになる。

その水田で栽培された穀類は植物の特性からイネ、ヒエが想定されるが、一方炭化種実は具体的にどのような植物を栽培・採取していたかがわかる点で、当時の食料状況を知る極めて重要な材料である。そのため古くから注目されてはいたが、炭化種実を遺跡から計画的に検出しようとする試みは1970年代に増えてきた。この段階までの炭化種実を集成した寺沢薫・寺沢知子は、コメ以外にもオオムギ・コムギ・アワ・ヒエ・キビ・マメ類などに加え、ドングリ類やモモ・ヤマブドウなど、多

彩な食利用植物が弥生時代に存在していることを報告し、コメ以外の植物に目を向けさせることになった（寺沢・寺沢 1981）。

　都出比呂志は寺沢らの成果を利用して「畑作の比重」を考え、水田・畑結合型、畑卓越型と二つのタイプが存在することを提唱した（都出1984）。寺沢・寺沢報告を肯定的に受け止めた事例である。これに対して佐原は否定的に受け止め批判する。佐原は寺沢の集計したドングリとコメの体積が 10：1 であり、発見の確率が異なることから、両者を比較し出土した遺跡数が 1.3 倍あるという数字に意味がないとする。その上で長野県橋原遺跡の複数の住居址から出土した炭化種実は、どれもコメがアワ・ヒエ・ドングリを数として圧倒していることから「弥生時代に山深い村でさえ、米を主食にしていた実例」であり、「イネ以外にムギ、アワ、ヒエ、キビ、大豆などの栽培も始まっていた。しかし、それらがどの程度まで米食の欠を補っていたかは、いま不明である」（佐原 1987a：p.249）と畑作物に言及するが、弥生文化における畑作物の評価を保留した。

　弥生時代の畑作の重要性を指摘した都出は、長野県天竜川や大分県大野川流域の地域では畑作をとくに選びその比重を大きくした地域であると考えた（都出 1989）。これに対しコメの存在を重視する佐原はコメ以外の穀類の存在は認めたとしてもそれは補助的に栽培されたと考え、14・15 世紀になって初めて「ヒエ・アワ・オオムギなどの雑穀が主食として重要な位置を占めることになり」、「コメと雑穀の二本立てという日本人の主食の基本形ができあがった」（佐原 1995：p.125）とする論陣を張った。1980 年代を通じて畑作への意識が芽生えてくるなか、コンタミネーションの問題、出土炭化種実の数量あるいは熱量に変換した対比から、コメが主体でそれ以外は補助的に栽培されていた（佐原 1987a・1995、安藤 2002、後藤 2006）という意見が示された。一方水稲・畑作の両者が行われ

ていたという意見（笠原・藤沢・浜田 1987、寺沢 2000、浜田 2002b・2007a・b、後藤 2011）、水洗選別法の意義を表明する意見（黒尾・高瀬 2003）などもあり、この頃から弥生時代を水稲単作か、畠作を含めた複合的な農業を想定するのか、とする論点が正面から議論されるようになっていく。この議論は主に炭化種実の評価をめぐって論じられたが、評価の土台として炭化種実の年代が確定できなかったところに、曖昧さを残した。

　1980〜2000 年代は弥生時代の水稲作と畠作の在り方、その比重について判断が揺れていた段階であった。

新たな方法論と視点の導入・
脱水稲単作史観への模索（2000 年代〜）

　水稲と畠作の存在の在り方が揺れていた時期に、新たな方法が芽生えてきた。1970 年代以降行われてきた炭化種実を利用して当時の食料状態を推定する方法は、対象物が小さな種実だけに後世の炭化種実が混じってしまう、つまりコンタミネーションの危険が存在する。その問題が解決できる方法としてレプリカ・セム法が注目を集めた。レプリカ・セム法[13] は 1991 年から本格的な研究成果が提出されるようになった（丑野・田川 1991）が、弥生文化の生業に関連する成果が出はじめたのは 2000 年を前後する時期からであった。研究の当初は縄文時代晩期の穀類に焦

13）　この方法は土器の圧痕にシリコンを流して型（レプリカ）を取り、それを走査型電子顕微鏡（Scanning Electron Microscope：SEM）で観察し、レプリカの正体を探るというものである。この方法自体は大正期に山内清男（山内 1925）が行っていたが、当時の技術では不可能であった対象物の外表面の詳細な観察が SEM により可能となった。そのため、圧痕が種実であった場合、従来その判別が困難であった「種」の同定が可能となったのである。この方法により、炭化種実で問題となっていたコンタミネーションは解消され、圧痕種実は土器制作時に存在していたことを証明することとなり、これ以降急速に縄文時代や弥生時代の生業研究に応用されるようになった。

点があてられ（例えば中沢・丑野 1998 など）、次第に晩期以前・以後にも分析の対象が広がって行く。そして 2007 年に縄文時代後期のダイズが確認（小畑編 2007・2015）されたことによって、縄文時代の農耕の問題がクローズアップされるようになった。とくに中期土器のダイズ圧痕の確認（中山 2010）は、縄文時代中期の穀物栽培－縄文時代中期農耕論－に終止符を打つインパクトをもっていた。1960 年代に一度は否定された縄文農耕論の存在は、こうしたレプリカ・セム法の進展で、弥生時代に先駆けた農耕の存在を明らかにしたといえる。そしてこれは日本における農耕が、弥生文化の水稲とともに始まったのではないことを、意識させることにもなった。

　縄文晩期から弥生時代初頭にイネ・アワ・キビ・マメ類などが、複数の遺跡から（例えば中沢・高瀬 2011）、あるいは関東や中部地域でも確認（藤尾 2015）されており、弥生文化成立期にはコメ・アワ・ヒエが定着したとする（安藤 2014）。関東では中期・後期の段階でもコメ・アワ・ヒエ・マメ類の圧痕が確認されている（守屋 2014）。不確かであった年代も AMS 法により徳島県庄・蔵本遺跡の土坑出土のアワが紀元前 600 年代（藤尾 2015）、神奈川県中屋敷遺跡の土坑出土の 2 点のアワが紀元前 595〜400 年と紀元前 590〜395 年の前期後半に含まれるものであることが判明した（小林・坂本・松崎・設楽 2008）などの事例がある。また畠遺構についても 2000 年には縄文時代から江戸時代までの畠遺構が集成され、この時点で可能性を含め全国 26 遺跡から弥生時代の畠跡が報告された（日本考古学協会 2000 年度鹿児島県大会実行委員会編 2000）。その後も三重県筋違遺跡（川崎 2002）、徳島県庄・蔵本遺跡（中村 2009）、静岡県手越向山遺跡（篠原 2011）など前期、中期前半の畠遺構も調査・報告されている。

　こうした研究を通して弥生時代全般にコメやそれ以外の穀類が存在していたことを、疑うことはなくなったといえるのが、2010 年代だとい

える。筆者が従来水稲農業に特化したという前提で進められることの多かった弥生文化の研究は、複合的な穀物栽培を前提に考える時がきている、と提言した（浜田 2011a・b・2013・2018・2019、浜田・中山・杉山 2019）のは、こうした先学の研究の積み重ねが存在したからである。

21 世紀の研究

　筆者の提言した考え方がある一方で、畑作物が弥生文化に存在していることを認めているものの、水稲農業を中心に弥生文化を理解していこうとする研究も依然として多い（例えば安藤 2014 など）。また、弥生時代初期には複合的な農業が存在していたが、次第に水稲主体・中心となっていくといった表現や理解がある（例えば設楽 2014 など）。しかし、こうした論法は本人にそのつもりはないのであろうが、水稲農耕だけで弥生文化を描くこととなり、結果として従来と同じ「水稲単作史観」での弥生文化の理解となってしまう。弥生文化に畑作が存在したことが認知されてきた現在にあっても、弥生社会に畑作が及ぼした影響を積極的に考えていこうとする立場と、畑作物は認められるが弥生社会は水稲中心であるとする立場が存在している。それぞれの立場に立つ意見が 2020 年、雑誌『東京考古』誌上で前者に対する批評・その批評に対する反批評という形で表明され、複数の論点が明らかになっている（橋口編 2020）。その主要な論点は、出土するコメ以外の穀類とコメの比率およびこれを熱量（cal）に置き換えた場合にコメが多い（高い）ということをどう評価するか。また 2000 年代以降急速に分析精度を上げてきた人骨の炭素・窒素同位体比分析法に基づく結果をどのようにとらえていくか、である。出土量あるいは熱量の比率の問題は、コメの方が高いので、コメが中心であるというレトリックから導きだされている。これは比率的には少ないながらも存在証明された畑作物を無視することにつながる。畑作物が存

在している以上、これらの作物は栽培されたと見なすべきであり、弥生社会に組み込まれた存在・必要性をもった生業形態なのであり、弥生文化を理解するためには必要な分析資料である。

炭素・窒素同位体比分析法は植物の光合成回路の違いによってC3型とC4型と中間型に分かれ、C3型にマメ、イモ、ドングリ、コメ、ムギ。C4型にアワ、ヒエ、キビなどが該当する（南川1993・1995）。さらに最近はC3型から水稲の領域を分離することに一部成功している（米田・菊地・那須・山崎2019）。これをもとに出土人骨を分析した結果、C4型の影響は見られない領域に位置づくことが確認された（例えば神奈川県池子遺跡：米田2018）。中期後半以降はイネ中心であるとするのは、こうした炭素・窒素同位体比分析法の結果が有力な根拠になっている。一方この結果は、レプリカ・セム法の結果とは矛盾している。そのため、この二つの自然科学的な手法の分析結果は、どちらか一方だけの分析結果だけを採用するのではなく、二つとも正しいという見方で判断すべきで、それを踏まえて弥生文化の農業の実態を追究すべきなのである。それについてはイネと畑作物を交えた複合的な農業が行われていたことを前提に、畑作物を積極的に評価する視点（浜田2002b・2019、浜田・中山・杉山2019）と畑作物は食利用されなかった[14]という視点（米田2018）という方向性がすでに示されている。これが弥生文化生業の今日的な問題点の一つである。

14）　食利用されないことをもって弥生文化に畑作が存在していなかった、ということではない。アワ・キビ・マメが栽培種であるという前提に立つならば、弥生社会におけるこれら畑作物の意義をどのように考えるかが、弥生社会を理解するために重要になる。

Chapter 7

弥生文化の枠組み

研究者はどのように考えたか

概　要

　弥生文化は研究の当初、石器時代のなかで「縄文人」とは異なった人種、「弥生人」の文化である、という認識から出発した。弥生文化には稲作が行われていたことが判明した大正期以降、日本人の祖として弥生人は意識され、解釈されるようになった。当時の常識的な解釈は、後から日本列島にやってきた弥生人は、先住民である縄文人を追い立て西から東に勢力圏を拡大した。東北地方が弥生土器を使用するようになるのは、古墳時代末期、あるいは鎌倉時代初期頃であったとする考え方であった。

　現在の枠組みの基礎となった縄文時代、弥生時代、古墳時代の順に推移する、また縄文文化の終末と弥生文化の開始は、各地でほぼ同時であった、という考え方は昭和初年に提唱される。しかしそれが認知された戦後、1950 年代に九州から東へ、そして北に弥生文化は段階的に伝播して、東北南部まで数百年時間を有したとする説が一般化した。また時代区分の基準を水稲農業に変更する提案が 1975 年に示され、縄文水田の時期を弥生時代早期に編入し、弥生時代が遡ったことで伝播時間はさらに広がった。しかし 1980 年代の青森県の弥生前期の水田の発見で、九州と東北の弥生の開始はほぼ同時であったと再認識された。ところが新たな年代観の導入によって、早期と前期が 500 年近く古くなったことで、各地の弥生時代の始まりの時期は再度広がることとなった。

　この Chapter では、こうした弥生文化の枠組みの変化を解説していく。

はじめに

　弥生時代は縄文時代に続き、古墳時代の前史に位置づけられる。この言説は戦後の歴史教育を受けた人には、何の抵抗も無く受け入れられる。しかし、明治～昭和戦前においてはこの考え方はむしろ異端であった。農耕を基盤とした社会である弥生「時代」として、縄文時代に先行し、古墳時代の前に位置づける、弥生時代を独立させる考え方は、戦後になってようやく一般化する。戦前までは石器時代（後藤1941など）あるいは先史時代（樋口1939など）のなかに、縄文文化と弥生文化が一つの時代を構成する文化要素として存在していた。つまり縄文人と弥生人が、一定の時間一緒に日本列島に住んでいたと理解されていた。また、古墳を造った時代を有史時代（原史時代）として、先史時代と有史時代の移り変わりは緩やかな交替であり、西日本で古墳造りが始まっていた時代に、東日本では弥生人と縄文人が生活していた、という解釈がいわば常識であった。とくに東北地方の扱いは、7世紀以降の大和朝廷の東北支配を述べる『日本書紀』や『続日本紀』などの記事の影響が強く、平安時代末、12世紀まで大和朝廷に服属しない蝦夷＝縄文人が東北には存在していた、と考える研究者が多かったのである。考古学研究者も弥生文化は早くても6～7世紀（現在の年代観では古墳時代後期・終末期）にならないと東北まで伝わらないと考えていた。後述するように昭和戦前に弥生文化研究を推し進めた小林行雄も、弥生文化の研究範囲に東北地方を除外しており一切の言及がない。つまり東北に弥生文化は存在していないと理解していた。しかし、それは当時にあっては常識の範囲であったのである。

　そうした状況のなかで、現在の時代区分の枠組みをつくったのが山内清男である。彼は1932年に月刊誌での連載で、縄文文化の後に弥生文化となり、その次に古墳時代がくる、という考えを概念規定とともに示

した。それは現在では細かな部分での修正は必要であるが、弥生文化を独立した時代として扱ったはじめての枠組みの提示であった。

弥生文化の位置づけ（明治〜大正期）

　では、弥生文化は時間的にどのように理解されてきたのか。山内の枠組み提示以前の状況を見ていこう。

　1877 年にモースが現在の品川区大森貝塚を発掘する。これによって、日本列島に石器を使う先住民族が住んでいたことが認識される。そして 1884 年に現在の文京区向ヶ岡貝塚から最初の弥生土器が発見される。この弥生土器は貝塚から発見されたこともあり、大森貝塚出土の土器とともに石器時代の土器と認識される。向ヶ岡貝塚の弥生土器の発見は、石器時代に二つの民族、縄文人と弥生人が住んでいたことを、印象づけることとなった。石器時代の二つの民族の関係とその歴史的な位置づけが、明治から大正期の考古学の関心事であった（浜田 2018 参照）。

　弥生文化を担った人びと、そしてその歴史的な位置づけはどのように解釈すればよいか。この問題に先鞭をつけたのは、鳥居龍蔵であった。鳥居は縄文人と弥生人はまったく別の人種であり、アイヌの石器時代（つまり縄文人）の方が古くから日本列島に生活していたと判断した。その上で、弥生人は大陸・朝鮮半島から移住してきた民族であり、日本人の祖先だとしこれを「固有日本人」とした。鳥居は「即ち是迄謂う所の弥生式土器というものは、全く我々祖先の残したものであって、この土器と共に石器が出て来る。之を以て見ると明かに我々祖先も石器を使って居た時分からこの国土に住まって居った事が証明される」、「こうして見ると詰り日本の有史以前というものが二つに分れる、一はアイヌの有史以前、一は固有日本人の有史以前即ち今日の日本人の祖先が石器を用いた時代」（鳥居 1917a：p.8）として「固有日本人」を概念づけた。さらに

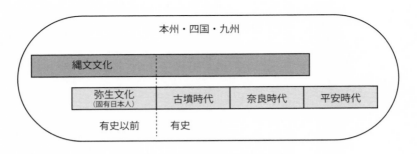

第 17 図　鳥居龍蔵の時代区分の概念図

「発掘をして見ると弥生式が下にあって次第に上になる程祝部土器と混雑する様になって来る傾きがある、又両者は古墳内に共に存在しても居る」[1]、「我々の祖先即ち固有日本人の有史以前と我々の原始時代とは引続いて居るものと見るのは不当であるまいと思います」（同書：p.15）と古墳時代との関係にも触れている。この関係性を模式化したのが第 17 図である。

　これに対して濱田耕作は、大阪府国府遺跡の発掘調査から、縄文土器と弥生土器の製作者は人種的に分けることはできず、朝鮮半島を経て渡来した文化の影響が土器に及んで、弥生土器に変化したとする説を発表する。「原日本人」説と呼ぶものである（濱田 1918・1920）。濱田の考え方は、縄文人が農耕文化の影響を受けて弥生文化に変化したとするものであり、その点が鳥居との相違点であった。また、縄文人が生活スタイルを変えたことで弥生文化となった、とするのは弥生文化が時代として独立していると提唱しているように見える。しかし、濱田は「日本は遂に漢文化の影響を受けて西紀 1 世紀前後に於いて、石器時代の長夢から醒

---

1)　この頃は、土師器を弥生土器の範疇で考えていた（*Chapter* 3 参照）。そのため鳥居が古墳内で共存するという説明は、当時としては違和感なく受け止められていた。

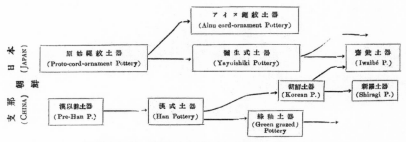

日本發見土器手法變遷假想表

```
                                                    ┌─────────────────────┐
                                                    │  アイヌ縄紋土器        │
                                                    │ (Ainu cord-ornament Pottery) │
                                                    └─────────────────────┘
┌────────────────────┐      ┌────────────────────┐        ┌──────────────┐
│  原始縄紋土器        │─────→│  彌生式土器          │───────→│ 齋瓮土器      │
│ (Proto-cord-ornament│      │ (Yayoishiki Pottery)│        │ (Iwaibé P.)  │
│  Pottery)          │      └────────────────────┘        └──────────────┘
└────────────────────┘              ┌──────────────┐       ┌──────────────┐
                                     │ 朝鮮土器      │──────→│ 新羅土器      │
                                     │ (Korean P.)  │       │ (Shiragi P.) │
┌────────────────┐   ┌────────────┐ └──────────────┘       └──────────────┘
│  漢以前土器     │──→│  漢式土器   │
│ (Pre-Han P.)   │   │ (Han Pottery)│      ┌────────────────────┐
└────────────────┘   └────────────┘       │  綠釉土器            │
                                          │ (Green grazed)       │
                                          │  Pottery            │
                                          └────────────────────┘
```

日 本 (JAPAN)　支 那 (CHINA)

第18図　濱田耕作の時代区分の概念図（濱田1920原図）

めて、新しい文化史上の立役者として歴史時代の舞台に現れることになったのであります。勿論日本の各地方が同時に此の文化に光被せられたのではありませぬ」（濱田1930：pp.101-102）、「東北日本に於いては（中略）西南日本に比して二三百年乃至数百年も遅れて居った」（同：p.70）と述べているように、大陸文化の影響を受けた縄文人の一部が弥生文化を形成し、影響を受けなかった縄文人は同じ生活スタイルで数世紀、少なくとも古墳時代まで東北地方には縄文人が生活していたと判断していた。濱田が示した概念図が第18図である。

　鳥居と濱田は縄文人が弥生文化を形成したか否かということでの違いはあったが、弥生文化と縄文文化は同時に存在すると判断しており、弥生文化を独立した時間、つまり弥生時代とは理解していなかった。

　同じ頃、中山平次郎が九州で弥生土器に青銅

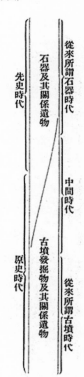

先史時代　石器及其關係遺物　從來所謂石器時代

中間時代

原史時代　古墳發掘物及其關係遺物　從來所謂古墳時代

第19図　中山平次郎
の時代区分の概念図
（中山1917b）

器・鉄器が伴う事例を集積し、弥生土器の文化は金属と石器を利用している「金石併用時代」とした。中山は縄文時代が終わり突然古墳時代が始まるということではなく、その過渡的な時期として石器と金属器をもつ中間的な時代が存在するという時間的な意識をもっていた。彼の示した石器時代（縄文土器）→中間時代（弥生土器）→古墳時代（祝部土器）と時代が推移するという図式（第19図）は、弥生文化を独立した時代ととらえた、と一見みることもできる。しかし、中山のなかでの中間時代（金石併用時代）は、「此の時代に尚石器あるは前代と同様成れども、金属器の之に伴えるを主なる相違とす。既に此の時代に至れば一定の地方には古墳ありて一定の金属器を出す事次の時代と似たり」（中山 1917b：p.45）と理解しているように、古墳時代との関係が曖昧になっている。縄紋土器との関係は「貝塚土器は弥生式と大差の無い時代のものらしく（中略）恁る弥生式と時代に於いて大差の無い貝塚土器は又そう古い者許りとは称する能わぬのである。奥羽または北海道のにはまだまだ新しいのがあるように思われるのである。何にも貝塚土器のみが特に古い訳ではなく、又弥生式土器が中間土器でもないのである」（中山 1918a：p43、ふりがなは筆者）としている。中山もこの時点で、弥生文化に独立した時間を与えているとは考えられない。

　こうした傾向は先の鳥居や濱田にもうかがえ、縄文土器と弥生土器との時間的な変遷は理解していながら、縄文と弥生あるいは弥生と祝部土器の使用民族は異なっているとし、縄文土器・弥生土器・祝部土器（斎瓮土器）のそれぞれの相対的な存続時間については、並存する期間を設けていた。こうした土器の違いを民族の違いとしてとらえる考えは、異質な文化との比較だけではなく、縄文土器同士あるいは弥生土器の使用民族同士においても著しかった。例えば Chapter 3 で紹介したように鳥居は、縄文土器を厚手派・薄手派に分け、前者は台地に住んで狩猟的な

生活をしていた部族であり、後者は海辺に住み漁撈的な生活をしていた
とし、東北地方の亀ヶ岡式を含め三大部族が同時期に日本列島に棲息し
ていたことを提唱している。同じく谷川（大場）磐雄による厚手派・薄
手派・亀ヶ岡式と弥生式土器の四者の部族が、同時に共存していたとい
う説も存在した（谷川 1924）。また、三森定男が現在の呼称で縄文土器の
条痕文系・撚糸文系・円筒土器と弥生土器（遠賀川式）などが、蔦島式土
器から派生したものであるとする説（三森 1941）は、土器の系統と民族を
最も極端に現した考えである。

弥生文化の位置づけ（昭和：『日本遠古之文化』）

　こうした研究成果を土台として昭和に入ると土器の編年研究を基とし
て縄文土器から弥生土器に変化し、それが古墳時代の土器に変化する、
つまり、縄文土器を使用する時代から、弥生土器を使う時代へと、時間
的に移って行くという研究が行われる（Chapter3 参照）。縄文土器の編年を
推し進めた山内清男は、土器の時間推移・籾痕の痕跡のある土器の存在
から、現在の時代区分と同じ縄文－弥生－古墳の変遷を社会的な背景を
論じながら確定していくこととなる。それが「日本遠古之文化」である
（山内 1932a～f、1933）。

　山内はこの論文を月刊雑誌『ドルメン』[2] に、1932～1933 年の 7 回に
わたり掲載する。そのなかで縄文文化・弥生文化・古墳時代のそれぞれ
の特徴を描きながら、時間的な推移について概説した（その後 1939 年に『日
本遠古之文化』として単著 1 冊にまとめる。山内 1939a）。

　山内の記述内容は、考古学研究の進展によって一部の論拠については

---

2)　雑誌『ドルメン』は鳥居龍蔵門下の岡茂雄によって、人類学・民族学・考古学・日
　　本民俗学の総合雑誌として創刊されたもので、創刊号の巻頭言にあるように、人類学、
　　考古学、民俗学などに携わる人びとに向けた極く寛いだ炉辺談話誌であった。

第20図　山内清男の時代区分の概念図

否定され、訂正が必要な箇所も散見するが、大陸との交渉の程度と農業の有無によって、弥生文化は縄文文化に続き、古墳時代に先駆ける文化であり、縄文文化の終焉／弥生文化の開始は、北海道と沖縄諸島を除く日本列島で、ほぼ同じ頃であった、とする現在の枠組みを示した。また縄文文化が展開した範囲（樺太千島から琉球まで）は、水稲農業を導入した本州・四国・九州の弥生文化の地域（以下、便宜的に「内地」と呼称する）と、導入しなかった北海道（続縄紋文化と命名：山内ほか 1936b）と琉球（名称未命名）[3] の 3 つの地域に分かれることとなったと規定する。これが幕末・明治初年まで続く、日本の 3 つの地域の原形であることを考えると、重要な指摘であった。では山内はどのように弥生文化を規定し、縄文文化、古墳時代と区別しようとしたのか、その枠組みを見てみよう（なお引用は 1939a の単著文献を使用する）。

　『日本遠古之文化』は、1「縄紋土器文化の真相」、2「縄紋土器の起源」3「縄紋土器の終末」、4「縄紋土器の終末（二）」、5「縄紋式以後（前）」、6「縄紋式以後（中）」、7「縄紋式以後（後）」に分けて解説されている。弥生文化に最初に論及するのは 2 において、その概念規定である。

---

3)　内地の弥生文化に相当する時期の沖縄の様相に関しては、1961 年頃から現地の研究者によって、貝塚時代後期として研究されはじめる（高宮 1961）。

「日本内地に於ける住民の文化は大きく二つに区別し得るであろう。第一は大陸との交渉が著明でなく、農業の痕跡の無い期間、第二は大陸との著明な交渉を持ち、農業の一般化した期間である。前者は縄紋土器の文化に相当し、後者の最初の段階が弥生式の文化である」（山内 1939a：p.5）。この概念こそが、現代の時代区分の基をなしており、弥生文化を独立させて一つの時代として認識させたのである[4]。この時の概念を図式化したのが第 20 図である。

　山内は続けて次のように解説する。「縄紋土器の時代は新石器時代と云ってよい。しかし欧州の新石器時代とは違って農業が行われて居ない。貝塚や泥炭層から出る食料遺残が示す様に、生活手段は狩猟漁獲、亦は植物性食料の採集であったと見てよい。これに反して弥生式の文化においては、新たに農業が加わり、又、厚葬の萌芽が見られる。これは当時盛んとなった大陸との交渉と直接又は間接に関係あるものであって、器物としても大陸系の磨製石器の種類が増加し、又青銅器、鉄器も亦輸入或は製作されるに至った。従って、弥生式の文化一般は純然たる新石器時代とは云い難く、金石併用時代と云うべき部分を有する。この時代に始（ママ）めて見られる大陸との交渉、農業による新生活手段とは、爾

---

4)　山内は戦前から没年まで、多少の例外はあるが縄紋式文化、弥生式文化と表記し、時代という名称を用いていない。したがって、山内の「弥生式文化」という名称が本書で問題にしている、数百年以上ある一定の時間に弥生文化だけが存在したという、いわば弥生文化が時間的に独立していたという考え方をとらなかったと感じるかもしれない。しかし、文字面にとらわれることなくその文化概念や内容をみれば、山内が「弥生式文化」を時代の名称と同値に扱っていたことが理解できる。彼の論文タイトルから拾えば、「縄紋時代」は晩年に 1 度使用し（山内 1969a）、縄紋式文化と弥生式文化を合わせて「日本先史時代」（山内 1964a）としているほかは、「縄紋式文化」と「弥生式文化」として文化内容を峻別しており、現在の「縄文時代」「弥生時代」の概念と同様と考える。なお、山内は「縄紋」表記にこだわっており（大村 2014）、この章の山内に関する記載や引用文とこの註の用語もそれに従った。

後の文化の初期として、又縄紋土器文化と対照して、特筆すべき事項である」（山内1939a：p.5）。この当時は弥生土器を使用する文化が弥生文化であると定義されており、その基準とともに大陸との交渉・農業の有無を縄文と弥生を分けるもう一つの基準としている。古墳時代との違いは墳墓において弥生は封土の萌芽は見られるが縄文と大差なく、古墳は盛大で、封土を有するものが一般化する。弥生は石器を伴うが古墳は石器を伴わずに鉄器が一般化する、などを指標としている。山内はこうした基準で縄文－弥生－古墳の順に推移するとした。そして、弥生文化を構成するものを①大陸系のもの（コメや金属器など）、②縄文時代からの伝統を保つもの（土器や石器の製作技術など）、③弥生文化で特有の発達を示すもの（銅鐸や鋒の広い銅矛・銅戈など）に分けた。つまり弥生文化は縄文文化の伝統に立ち、大陸からの新しい技術などによって成立したことを提示した。

　この考えは、それまでの鳥居・濱田・中山の説と日本で展開する文化の時間的な変遷順として矛盾することはないため、その点では問題とはなっていない。山内が示した弥生文化の枠組みの意義はそうしたことよりも、これらの文化が内地では大きな時間差を有しないで交替・推移したということにある。つまり、各文化・時代は時間的な重なりがほぼないと考えた点にある。弥生文化が成立した後も東北地方には縄文人が活動しており、東北地方の一部に弥生文化が伝播するのは畿内で古墳が築かれて以降である、とする常識に真っ向から反対するものであった。そのため、当時山内の枠組みとその内容に賛意を示す研究者はほとんどいなかった。では山内が縄文から弥生の時代への移行を、時間的にほぼ変わらないとした根拠は何であったか。

　山内は東北地方の縄文時代晩期土器である亀ヶ岡式土器と総称されていた土器が大洞貝塚の発掘調査によって、大洞B式→大洞BC式→大洞

土器型式		東　北	関　東	中部（東海）	近　畿
縄文	大洞B式	:	:	:	:
	大洞BC式	大洞貝塚	真福寺貝塚	吉胡貝塚	日下貝塚
	大洞C₁式		真福寺貝塚		
	大洞C₂式				
	大洞A式			保美貝塚	
	大洞A′式	大洞貝塚	?	〈保美貝塚〉	＜宮瀧遺跡？＞
弥生	各地で縄文に続くと考えられる土器	桝形囲貝塚	＜野沢遺跡＞		国府遺跡・摂津農場（安満遺跡）

〈 〉内は山内 1932h、山内 1936a で追加されたもの　　真福寺貝塚の型式は図からが筆者が判断

第 21 図　山内清男の土器対応概念図

C₁ 式→大洞 C₂ 式→大洞 A 式→大洞 A′ 式と、時間とともに変化することを層位的に突き止めたと説明する。そして土器紋様の変化の法則性を発見する（*Chapter*4 参照）。さらに大洞 A′ 式の「直後には桝形式と称する土器型式がある。この式は一面に於いては縄紋式からの伝統に富むが、他方に於いて弥生式の影響をも認めることが出来る。又弥生式系の石器を伴い、穀物として稲を有することも判明している」（山内 1939a：p.15）として、大洞式までが縄紋、それ以降が弥生とする基準を示す。そしてこの大洞式土器が関東〜関西まで出土することから、関西においても縄紋の終末・弥生式の開始は、関東・東北と変わらないことを強調する。「縄紋土器の文化は、内地を通じて恐らく大差ない時代に終末に達し、弥生式文化に置き換えられる」（同：p.20）。この考えを図式化したのが第 21 図である。

　1932 年に示したこの枠組みは、同一の土器型式はどこで発見されても同じ時に製作された土器である、という前提に立って考えられたも

のである。例えば大洞 BC 式は東北・関東・中部（東海）・近畿地方で出土しているので、出土した遺跡は同じ時間を共有し、4 型式後の大洞 A'式（縄文時代最末期・弥生時代直前）も関東を除く東北から近畿地方まで出土しているので、これらの地域の縄文時代の終わりの時期は同じである、と解釈するのである（関東では未発見でも中部（東海）・近畿地方に存在しているので関東にも存在していると推測）。こうした原則から、「これらの点を吟味すると縄紋式の終末は地方によって大きな年代差を持たなかったことを悟ることが出来る。与えられた材料の範囲から云っても三河と東北における差は僅々土器一型式，畿内と東北の間にも二三型式の差を超えないと思われる」（山内 1939a：pp.18-19）、と想定したのである。

『日本遠古之文化』の評価

しかし、こうした考えは戦前には定着しなかった。その理由は二つある。一つはすでに述べたように当時の皇国史観による東北地方の位置づけであり、近畿地方で古墳が築かれた後も、東北には縄文人が生活していたとする常識である。「九州北部地方及び近畿地方を二大中心として、先ず金属文化の時代に入り、これを遠ざかるに従って、次第に其の実年代がおくれるという事は、之亦常識上明白なる事実である」（喜田 1934：p.2）とする東北帝国大学の歴史学者喜田貞吉は、青森県是川村・岩手県大原町で縄文土器とともに宋銭（11 世紀）が発見されたことを報告する（喜田 1933・1934）。そして青森・岩手両県には平安末期、平泉で藤原三代が活躍していた頃に石器を使用していた民族が存在していたと考えた。この問題に対して山内は「いかがわしい」（山内ほか 1936a：p.37）と述べ、両者は雑誌『ミネルヴァ』誌上で論争を繰り広げることとなる（浜田 2018 参照）。喜田の「常識」は考古学では先述した鳥居・濱田・中山などとともに中谷治宇二郎（中谷 1934）や後藤守一（山内ほか 1936a）にも採

用され、少なくとも古墳時代の末期まで縄文人が生活していたとする。森本六爾は「依然として日本遠古の文化は内地が一様に縄文系から弥生式系に移ったとの「無邪気な慣用語」に籠もって、縦横の論を進める人も少なくないようである」(森本 1933e：p.7) とする。森本もまた、縄文文化末期に弥生文化と古墳文化が共存していたと考えていたのである。また、ミネルヴァ論争の2年後に弥生文化を理解するために、森本六爾と小林行雄は各地の弥生土器を集成し時間の経過を取り入れながら解説したが、「東北」について言及がない (森本・小林 1938)。東北を弥生文化の埒外に置いて考えていたのである。つまり東北地方の土器をもとに縄文の終末／弥生の開始を議論したところに、山内の学説が受け入れられなかった素地があった。しかし、逆にいえば山内は先入観にとらわれず、純粋に考古学的な方法で東北地方の縄文の終末／弥生の開始にアプローチしたからこそ、両文化の移行期に時間差が存在するのか、という命題に具体的な答えを示すことが可能になったともいえる。

　山内の考えが受け入れられなかったもう一つの理由は、桝形囲貝塚出土土器の位置づけの分析にあった。桝形囲式土器[5] について山内は、「大洞A'式の直後又は遠からず桝形式が来る。この式は弥生式的特徴が多く、底部に稲の圧痕のある例があり、また、弥生式に伴存する石器類を伴出する」(山内 1930：p.120) とし、「大洞A'式土器を含む或る種の型式の上層に認められ (福浦島貝塚)、明に亀ヶ岡式以後に属するものである」(山内 1932h：p.15) と考えた[6]。

　しかし出土した桝形囲貝塚の調査報告書が未発表であっただけでな

---

5)　山内は「桝形式」とするが、本稿では引用部分を除いて「桝形囲式」と表記する。

6)　坪井清足によると、山内自身は大洞A'式を東北地方北部にしか存在していないと考えていたとする (坪井 1979)。また山内は戦後、大洞A式をA_1式とA_2式に分けて考えたが (山内 1964a：原著巻末の編年表)、詳細は語られなかった。

く、出土土器の写真も紹介もしていないままで「桝形囲式」を位置づけたことは、模範的な態度とはいえない[7]。ただ、桝形囲式は 1936 年に杉原荘介が野沢遺跡と桝形囲貝塚出土の土器について独自の見解を発表するなかで紹介されている（杉原 1936c）。そしてこの論文によって、桝形囲式が中期に位置づけられることとなる。

　杉原は、口縁部が外反する鉢（＝甕）を第一類、磨消縄文のある壺・皿を第二類として分析を行う。そして、両類同一時期のものとして野沢遺跡出土土器と比較する。鉢の縄文、壺の磨消縄文の類似から桝形囲式を野沢遺跡後期と同時期とし、これを南関東の小田原期後期[8]と同時期とした。しかし、杉原が分析の対象にした第一類土器のなかに、特殊なる縄文（原体はカナムグラの茎か）を口唇部・胴部にめぐらして頸部に箆描きの二条線をめぐらす土器がある。この土器は、山内が籾圧痕の存在を報告した土器と同じ類であるという。これを杉原は縄文を施文している点を除けば、小林行雄・藤沢一夫のいう遠賀川式 A 型土器（小林・藤沢 1934）と形態に著しい類似があるとする。この鉢の位置づけを小田原式土器が遠賀川式系統から櫛目文土器への移行期で、壺も同様であることから、「本桝形囲貝塚出土第一類に於ける遠賀川系統の鉢形土器の形態に通じ

---

7)　発掘が当時の研究室の責任者である長谷部言人と共同で行われたため、長谷部の報告を待っていたのか、あるいは確執から図の提示ができなかったのかはわからない。しかし、杉原荘介への写真提供は行っているので、山内自身の説明は可能であった。

8)　この時点での小田原式の内容を筆者なりに判断すれば、小田原式前期は西方からの文化を伝えた段階、小田原後期は縄文土器文化との交渉を初めてもった段階である（杉原 1936a・b）。そして、小田原式は熱田高倉貝塚出土土器（後期）を含まないとする。また遠賀川系統から櫛目式土器系統への過渡期が、小田原遺跡に最初にもたらされた土器であるという記載があり（杉原 1936c）、遠賀川系（前期）・櫛目式（中期）という小林行雄の定義（小林 1933a・1938）を前提とすれば、小田原式前期は前期末から中期初頭、小田原式後期は中期初頭以降の解釈になるだろう。なお現在小田原式土器は、中期後半の宮ノ台式の直前から宮ノ台式の中段階と解釈する（石川 1996）。

る所ある問題に就いて、それは弥生式土器東方への発展は遠賀川系土器或いは櫛目式系土器の姿相を持って行われていることを知ることによって、そのあるべき所以を理解することができるのである」（杉原 1936c：p.383）とする。

　しかし小田原式の説明で、縄文施文の土器は「縄文土器文化との交渉を始めて持った姿の土器」（杉原 1936a：p.32）と後の接触文化と同じ考えに基づいているので、この土器は接触をもった後の段階に製作されたと解釈をしていると考えられる。遠賀川式系統から櫛目文土器への移行期は、遠賀川式土器が前期という主張（小林 1933a）に則れば、問題の土器はおそくとも中期前半と考えられるが、現在では前期の遠賀川系の土器としてとらえてもおかしくない[9]。しかし、のちに触れる荘介段の編年では中期後半に位置づけされ、この分析が生かされていない。中期後半に位置づけた根拠は、西から東への文化の段階的な伝播が前提になっていたと推測できる。このような経過で、山内の縄文式（大洞 A′ 式）直後の土器として桝形囲式を位置づけることに否定的な分析が提出されたため、縄文の終末／弥生の開始はほぼ同じであるとする山内の枠組みは採用されなかった、と考える。小林も山内の桝形囲式の編年的な位置づけには疑問をもっていた（小林 1943a）。

　いずれにしても、弥生文化が縄文時代から独立性を有するという枠組みは、縄文土器からアプローチした山内の枠組みに代わり、大陸からの移住者が製作したと考える弥生土器（遠賀川式土器）からアプローチした、

9）　桝形囲貝塚出土土器は 2 型式あるのかもしれない。第一類とした頸部にある箆描きの二条線の由来が、大洞式土器からの系統で説明できないのであれば、遠賀川式土器の胴部刷毛目が疑似縄文に入れ代わったと理解できる。こうした検討はすでに行われているのかもしれないが、膨大な量の論文が製作されている「土器論」をまとめるには筆者の力量をこえている。いずれにしても縄文施文の遠賀川系土器（須藤 1990 など）を認める段階に成っている現在、桝形囲貝塚出土土器の再検討は必要だと考える。

小林・杉原の枠組みへと次第にシフトしていくようになる。しかし、後述するように小林・杉原の位置づけについても、大きな問題をはらんでいた。

小林行雄・杉原荘介の枠組み

小林は、戦後すぐに対談形式の一書を上梓する。そのなかで「日本の文化は縄文式土器文化にはじまって、弥生式土器文化にうつり、それから古墳時代文化へすすんだということは、考古学者が主張するだけではなく、今日では世間によく知られていることだ」(小林1947：p.13) とする。そうしたことからみて、この時期に弥生文化が「時代」性を帯びて日本の時代区分として認められつつあることがわかる。その枠組みについては「縄文文化の終末は、全国的に大差がないという、君たちの研究に敬意を表しているよ。だがね、大差がないということを、同時だという意味でないと、解釈する自由は保留させてくれたまえ」(同書：p.43)、「西日本に弥生文化が現れた時に、東日本にはまだ縄文文化が存在していた、ということだけはみとめなければいけないよ」(同書：p.44) と記す。

杉原荘介は九州と畿内のどちらの遠賀川式土器が古いのかは判断できないとしながらも、最古の弥生土器の分布から「縄文文化から弥生文化へと一様に発展し展開したものでないことを物語っている」(杉原1950：p.8) とする。しかし印象的なのは、これまでの縄文人と弥生人が別人種であるという考えを変化させたことである。「縄文文化の人人は順次原始的な生活を捨てて農耕生活に進み、農耕社会に加わって弥生文化化し、弥生文化は、初めは地域的な文化から、やがて全域的な文化へと発展していったと思われる」(同書：p.21) として、杉原自身が考えていた戦前の弥生文化伝播論を否定したのである。山内が戦前に唱えた縄文人が弥生文化を受け入れて、縄文土器が変化して弥生土器になったとする弥

生文化変容論に考え方をシフトした。これは山内の講演がもとになっている（山内 1952）。そして、杉原の観念的な型式観[10]による編年案が発表された。この戦後初めての編年案では、「中期に至って、全く内容の程度の異なる二つの文化の併行状態はついに破れて、日本東部から日本北部にかけて、陸続として縄文文化は弥生文化へと変貌し発展してゆくこととなった」（杉原 1950：p.30）と考えており、遠賀川式土器の分布がその根拠となった。その後、杉原が懸案としていた弥生土器の発生地域について、1951 年から開始した福岡県板付遺跡で従来知られていた最古の立屋敷式よりも古い土器（板付式）の存在がわかり、弥生文化の発生起源は北部九州であると理解するようになる。

東北での探索

　こうした小林・杉原の考え方に対して、問題となっていた東北での弥生文化探究は、この時期どのように行われていたのだろうか。戦前では、山内のほかに伊東信雄が、1939・1940 年に仙台市の南小泉の飛行場建設（村上 1943）に伴って桝形囲式土器、石庖丁、合口甕棺などを大量に収集したことをきっかけに、東北における弥生文化の研究を開始する（伊東 1941・1976）。しかし、その成果は戦後にならないと結実しない。彼は石庖丁や弥生土器の出土を提示し、桝形囲式土器に籾圧痕、天王山遺跡から焼米の出土を報告する。そこで伊東は、「私は東北の弥生式が前期に二型式、後期も二型式位あったことと、遅くとも四世紀には弥生式の時代が終わっていることから考えて、大体西暦紀元前後にはもう弥生式の時代がはじまっていたろうとひそかに考えている」（伊東 1950：p.448）

10）　杉原は「○×式の伝統を保つ」「○×式に相応する」といった抽象的な言葉で、地域の土器順番と地域間の土器の併行関係を定める方法をとっている。

とする構想を持った。そしてこの報告で、山内が続縄紋土器の仲間ととらえた（山内1933）青森県田舎館村から出土する土器（田舎館式）を、蓋形土器の存在から弥生土器としたが、1953年に杉原荘介が弥生土器の影響はないと口頭で反対され（伊東1960）、江坂輝彌にも稲作が行われた証拠がないので、続縄文土器の範疇で取り扱うべきである（江坂1955）と反論された。

「荘介段」の発表

こうした経過をたどりながら1955年に戦後はじめて体系化した考古学のテキストとなった書籍で、杉原は新たに東北地方までを視野にいれた編年表を発表する。「荘介段」と山内に命名（佐原1987b）されたこの表（第22図）は、北部九州を最古として時間の経過とともに東、北の地域へ弥生文化が伝播することを端的（綺麗）に示している（杉原1955）。

この編年表は各地に存在する土器型式に基づいて、段階的に弥生文化が伝播すると解釈するものである。しかし、その土器型式の前後関係や併行関係については、層位的な観察に基づく考察や土器型式ごとの供伴関係の検証が不十分なままであり、恣意的にこの編年表を作成したと疑われてもしかたない成果である。この編年表を吟味すると不思議なこと

年代＼地方	北九州	畿内	伊勢湾	東海道	南関東	東北
後期 300A.D.～400A.D. / 100A.D.～200A.D.	雑餉隈／西新／水巻／伊佐座	穂ノ積辻／西新座	桜瑞高倉	曲飯登呂	金田／前弥／野久ヶ原／宮ノ台／須和田	南小泉II／桜井／町屋
中期	須玖II／須玖I	桑津II／桑津I	貝田町II／貝田町I	有原／丸子	東添	桝形囲／（六ノ瀬）
前期 100B.C.～1B.C.A.D. / 300B.C.～200B.C.	下立／伊敷／板付（夜臼）	瓜／破／古／（宮滝10）	西志賀	（水神平）／（五貫森）	（杉田）／（桂台）	（大洞A）

第22図　杉原荘介の弥生土器全国編年 （杉原1955）

が多い。例えば本文で、東北地方の土器型式には弥生式の南御山Ⅰ式と
Ⅱ式があり、南御山Ⅱ式が北上して桝形囲式土器となると説明している
が、この表には示されていない。つまり東北地方南部は、桝形囲式以前
に弥生文化に入っていると考えなければならないので、関東地方の須和
田式と横並びに南御山Ⅰ式を明示できるがなぜそうしなかったのか。ま
た、同じように桝形囲式が設定される東北地方中部には、桝形囲式の前
段階（南御山Ⅰ式併行）に縄文土器か弥生土器かはわからないが、名称不
明の一段階が存在するはずであるがその記載がない。その空隙を大洞A
式と六ノ瀬式に代表させているが、そうすると東北地方だけ同じ型式の
土器の存続期間が長くなってしまう。さらに戦前に分析していた桝形囲
式と小田原式の関係が、小田原式に変わって須和田式が挿入されたこと
で、三者の時間的な関係性を説明する必要があるが、その説明がなされ
ていない。このように戦前の桝形囲式の位置づけが、過去の研究を踏ま
えた整合的な説明のないままに、宮ノ台式（中期後半）と同じ位置に置か
れることになった。

　後年杉原は、「弥生時代前期に属する土器型式にも、それぞれの時期
があり、これらを編年すれば、北九州地方の板付式土器がもっとも古
く、この時期に相当する弥生式土器は他地域に見られない。つぎに、
畿内地方の唐古Ⅰa式土器が古く、この地方より東方では、この時期
に相当する弥生式土器は見当らない。そして、伊勢湾沿岸地方の西志
賀1式土器がつぎに古く、この地方より東方ではこの時期に相当する
弥生式土器は存在せず、すなわち前期の弥生式土器は見られないので
ある。このことは、前期の弥生時代の文化が、西から東へ順次伝播し
たものであることを示している。また、これは同時に東に進むほど、
縄文時代の終末がおくれていたことを物語っている」（杉原 1963：p.12）と
語っている。

この杉原の編年は、それまで山内・伊東以外、顧みなかった東北地方にも弥生文化が存在していることを、明確に示した点で評価できる。同じ東京考古学会に属した森本・小林の考えを東北まで伸張させて考えた杉原の編年の大枠は、これ以後 1980 年代まで引き継がれることとなる。しかし問題が 2 点あった。一つは上述した東北北部（桝形囲貝塚＝仙台以北、主に青森・岩手・秋田）の扱い、一つは荘介段のもととなった遠賀川式土器の分布とその意味である[11]。

東北北部の探究

　杉原の編年観—東に進むほど縄文の終末／弥生の開始は遅れる—（以下「弥生文化の段階的な伝播論」と呼ぶ）は、段階的な弥生文化の伝播の姿として、その後に出版された編年を扱う講座本、『世界考古学大系』（杉原1960）、『日本の考古学』（和島1966）、『新版考古学講座』（大場1969）などに、「荘介段」ほど図式的ではないが、同じような考えのもと採用されていく。戦前に山内によって示された弥生文化の独立という枠組みから、戦後には弥生時代中期まで東北地方に段階的に伝播する、というパラダイムに変わっていった。そして弥生時代の基準は、弥生土器の使用という土器による基準と、水稲農耕の開始の二つが存在したが、この時点まで

11)　縄文から弥生土器への編年研究について、ほかにも近畿では坪井清足が橿原遺跡から出土した、山内が大洞式の後半の工字文だとするものは、北陸の晩期初頭の影響を受けて成立したものであり、近畿には晩期後半は存在しない（坪井1962）という提案から波及した土器論がある。また九州では森貞次郎・岡崎敬が提起した弥生土器（板付式土器）に伴う縄文土器（夜臼式土器）の関係性（森・岡崎1961）から発展する土器論、東北の大洞 A' 式と砂沢式土器の位置づけ（芹沢1958・1960）から発生する土器論などがある。そうした研究に今回は触れていない。本書では段階的な弥生文化の伝播の問題に焦点をあてているためである。また、根拠を交えてこれまでの土器論を解説していくのは、筆者の能力を超える作業であり、土器の研究史をまとめるのにふさわしい研究者の執筆に期待している。

は土器を基準に「弥生時代」を考える傾向が強かった。そのため、とくに東日本での最古の弥生土器の認定が、その地域での弥生時代の開始という意味をもっていた。

　東北地方でも、最古の弥生土器の解明が続けられることとなる。東北北部の扱いについては、懸案であった青森県田舎館村垂柳遺跡を 1958 年に伊東が発掘する。その結果、火山灰層下の土層中から壺や甕、台付鉢などで構成される田舎館式土器と 200 粒以上の焼米を発見する。これによって先に批判された田舎館式が弥生土器であるとする立証に伊東は自信をもっていたことがうかがえる（伊東 1960）。しかし、山内は続縄文土器と共通する縦の縄文が多く石器も縄文以来の伝統があることから、田舎館式を続縄紋土器の範疇としてとらえた（山内 1964a・1969a）。佐原眞は、稲作農耕の存在を籾痕だけで論じることは早計であるとした（佐原 1968）。伊東が自信をもった田舎館式土器が弥生土器であるとする考えに、山内は「「北奥」すなわち奥羽北部に見られるわずかな稲作資料で、この地に弥生式の浸透を考えるのは問題で、米そのものは南方からの交易によって得られるという反論もなりたつ。いずれにしても、「北奥」地方は大陸系の文物をもち稲作をするという、弥生式文化の本来的条件を満足にもたないのである」（山内 1969a：p.213）と弥生文化であることを否定する。

　1938 年に「縄文土器の文化は、内地を通じて恐らく大差ない時代に終末に達し、弥生式文化に置き換えられる。更に後者は古墳時代に移行する」（山内 1939a：p.20）と宣言した山内であったが、東北北部は続縄文文化の範疇であったと終生考えていたのである。山内は戦後次の様に述べている。「青森県ばかりでなく秋田県や岩手県にも続縄紋が主で、僅少な弥生式を伴うような型式が知られている。したがって東北北部地方は、北海道と同様続縄紋式が主体であって、それに弥生式または弥生式

的な文物を多少摂取したものと解釈できる」(山内 1964a：p.127)。しかし、伊東は大陸系由来の石庖丁の出土や籾圧痕土器の存在、また土器の組成も例示しており、山内と佐原の批判はまとはずれであったことがわかる。不思議なことにこのことは以後ほとんど問題にされず、田舎館式土器を代表とする東北北部（青森県から秋田県北部）の弥生文化の存在は、学界の共通認識とはならなかった。しかし、これは後述するように 1980年代に田舎館村垂柳遺跡での水田の発見で覆されることとなる。

「荘介段」成立の背景

　もう一つの問題に、荘介段に現れた「弥生文化の段階的な伝播論」の理解があった。この理解の根底には、戦前に概念化された遠賀川式土器と「神武東征・日本武尊東征」、そして戦後はチャイルドの文化伝播説が大きな影響力をもったと考える。

　遠賀川式土器は、小林行雄によって大陸から渡来した稲作民が九州で作った土器と概念化される (Chapter4 参照)。それを前提にこの土器の分布している九州から伊勢湾までを最初の弥生文化伝播の地とし、この時期を前期。それに続く中期は遠賀川式土器の製作技術を離れ、独自の土器が展開する関東までの段階。そして後期は独自性が崩れ、斉一的な土器となる段階と位置づけた。杉原は戦後、遠賀川式土器の前提となった渡来した稲作民の土器の概念は、遠賀川式土器の製作技術が縄文土器と関係があることを確認し、否定する (杉原 1950)。その後最も古い弥生土器が九州で出土することを確かめ、小林説を踏襲する (杉原 1961)。小林や杉原の考え方は外来文化の弥生文化が九州で始まり、それが時間と共に段階的に東へ伝播するというものであり、戦前に形作られたこの文化伝播論には、神武東征・日本武尊東征（以下「東征物語」）の影響があったことは、これまでの弥生文化の枠組みの研究史からも、あるいは弥生土器

の研究史（*Chapter*4 参照）からも明白である[12]。

　杉原の編年が東征物語を意識していたとしても、皇国史観の制限がな
くなった戦後において、なぜこうした文化伝播の考えがほかの研究者に
支持されたのか？ この問題は先に紹介した喜田を代表する、文化の中
心地（この場合は北部九州）から文化が始まって、ここから遠ざかるにつれ
実年代がおくれるという「常識」的な理解が、東征物語の理解とは別に
存在する（喜田 1934）。また、ヨーロッパの先史時代を対象に、「ヨーロッ
パの先史文化におけるほとんどすべての重要な進歩、とくに技術面での
進歩は、近東からの影響、すなわち文化の伝播によってもたらされた」
（レンフルー／大貫訳 1979：p.3）というチャイルドの考えが広まっていたこと
も原因の一つと考える。チャイルドはヨーロッパの先史時代の文化は、
メソポタミアなどの近東（オリエント）に源がありエーゲ海から地中海を
通して伝播し、東方から影響を受けたとする。この考えは、1925 年に
初版が出された *The Dawn of European Civilization* で表明したもので、そ
の一部が小林行雄・甲野勇名で翻訳されており（甲野・小林 1934）、文化伝
播の在り方として戦前にすでに理解されていた。小林らの「弥生文化の
段階的な伝播論」は、チャイルドの近東を中国・朝鮮半島に、そして東
方を西方に言い換えた文化伝播と同じであるといえる。この考え方は皇

---

12)　小林は、戦後すぐに弥生文化の東漸説と神武東征は関わりが無いとする見解を発表
　　する（小林 1947：pp.27-28）。しかし、北九州と近畿の遠賀川式土器のどちらが古い
　　か、という問題の解釈が、木葉状文・重弧文の曲線が九州では貝殻、近畿では箆で施
　　文されているので、貝殻の弧形を利用した方がはじめだ、としているのはその逆の考
　　えも成立する以上証明とはいいきれない。この前に神武東征が歴史的記憶を投影して
　　いる可能性を否定できないという発言（同書：p.16）もあり、弥生文化から東北を除
　　く理解（森本・小林 1938）、遠賀川式土器は弥生人は海を越えて渡来してきた（小林
　　1933a・1934b・1938）などの文言から推察しても、小林の遠賀川式土器は九州が古い
　　という前提は「東征物語」や『記紀』に立脚しているといえる。

国史観での東征物語とも合致し、戦前の考えを引き継いだ戦後においても受け入れやすい考え方であった。そのため、この杉原の編年（荘介段）は、戦後においても弥生文化を理解する大枠として標準となり、九州からひろまった「遠賀川文化圏に対して、東日本では東へ北へ進むにつれて次第におそく弥生時代に入った」（佐原 1987b：p.348）と学界では理解するようになったと推察する。そうした解釈をした佐原は、弥生文化の枠組みについて大きな提案をする。

弥生文化の定義再考

　1975 年に佐原眞と金関恕は従来とらえられてきた、弥生時代の定義について次の疑問を差し挟む（佐原・金関 1975）。それまで土器の使用をもとに縄文時代・弥生時代と判断してきた。しかし、両土器の区別は難しいことが資料の増加とともにわかってきた。したがって、まず時代を定義してその時代の土器を縄文土器・弥生土器と呼ぶのが実態に則しているのではないか。食糧生産を基礎にする社会が始まり、前方後円墳が出現するまでの期間を弥生時代とすべきではないか。この問題は、佐原が詳細に説明し提案する（佐原 1975b）。

　佐原は縄文時代を食糧採集〔フード・ギャザリング〕、弥生時代を食糧生産〔フード・プロデューシング〕の段階ととらえ、チャイルドの考え（チャイルド／ねず訳 1951）を援用して、縄文時代から弥生時代への転換を欧州における「新石器革命」に対応させる。そのため、縄文文化に比べ弥生文化は根本的な格差を有し、水稲耕作を根幹とする日本農業、コメを主食とする日本の食生活は弥生時代に始まったと位置づけた。そしてこの時代は、前方後円墳の出現によって古墳時代に移行するとした。さらに学史的には弥生文化とは弥生土器を用いた時代・文化であるのが正道としつつ、弥生土器を縄文土器や土師器と区別することはできないので、弥生土器とは食糧が生産する生活が始まった

時代の土器であり、前方後円墳が出現した時期から土師器と名を改める
とした。つまり、山内によって土器を基にしつつ経済基盤の二つの基準
で考えていた弥生時代の定義を、水稲耕作を根幹とする食糧生産に一本
化し、それが開始された時代であると位置づけた。これ以降、水稲稲作
による食糧生産の開始が弥生時代の区分を考える際の大きな基準とな
り、「水稲耕作」を「灌漑による水稲耕作」に置換して、現在最も一般
的な弥生時代の定義、パラダイムとなった（例えば石川 2010）。

　では、土器から食糧生産の開始を基準とした場合の弥生文化の地理
的な範囲に変更はあるのか。この問題について佐原は、東北地方北部
は続縄紋文化の領域であると考える山内に代表されるA説と弥生文化
の領域に入る伊東に代表されるB説があることを述べて、「食糧生産を
基準として定義する立場からすれば、現状ではA・Bどちらとも言いき
れない」と態度を保留している。そして弥生文化の伝播についても小
林・杉原の方法に則り、遠賀川式土器の分布を前期ととらえ、その範
囲は名古屋と丹後半島の中部地方までであったとする。その原因の一
つはイネの特性にあり、東進・北進するためには温度・風土に適した
品種の登場が必要であったこと。そしてもう一つはムシ歯の頻度が高
い縄文人骨から見て、縄文時代は多種多様な植物をとれる類い希な好
環境にあり、そうした「東日本縄文文化の抵抗」（佐原 1975b：p.147）が、
弥生文化の東進を阻んだと考えている。こうしたことを総合して、佐
原は弥生時代の定義の基準を土器から水稲耕作に切り替えた。従来の
「弥生文化の段階的な伝播論」に則った考えであったといえるだろう。
佐原がここで示した弥生文化の基準の変更の影響は、すぐに形になっ
て現れる。北部九州において縄文晩期終末の夜臼式土器に伴って、水
田が発見されたからである。

弥生時代開始時期の遡及と「早期」の設定

　1978 年福岡県板付遺跡で、最も古い板付 I 式土器を伴う水田の下層から、夜臼式土器を伴う水田址が確認された (山崎 1978)。また、1981 年に佐賀県菜畑遺跡から、夜臼式の水田が確認された (中島 1982)。夜臼式土器は縄文時代晩期末、つまり九州で最後の縄文土器として位置づけられてきた土器である。したがって土器を基準に時代を考える従来の方法では、両遺跡の水田は縄文時代の水田ということになる。しかし、佐原が定義した弥生時代の考え方では、水田が確認された以上それは弥生時代であり、それまで縄文土器としていた夜臼式土器は弥生土器に組み入れることが必要である、とするのである。仮にこの水田を縄文時代ととらえるならば、弥生時代の始まりを水稲農耕の開始とする基準が成り立たない。弥生時代と考えれば、縄文土器と弥生土器を区別した方法が問われることとなる。

　この問題について現在では、佐原の弥生時代の基準変更にそって弥生時代の水田とし、夜臼式土器を弥生土器に組み入れる考え方を、大勢の研究者は採用している。佐原は夜臼式段階を「弥生時代先 I 期」としていたが、後に「早期」として従来の前期の前に位置づけた (佐原 1983)。このことによって、弥生時代は早期・前期・中期・後期の 4 期区分となった。しかし、早期でも水田が確認されているのは、現在でも北部九州の一部の遺跡で確認されているだけであり、北部九州とそれ以外の地域での水稲耕作の開始時期 (＝弥生時代の開始) の年代差は、相対的に広がることとなった。

東北での遠賀川式土器と水稲耕作の証明

　弥生時代に新たに「早期」の設定がなされたと同じ頃、東北での遠賀

川式土器や水稲農耕の探究は続けられていた。東北地方を研究フィールドとする中村五郎は遠賀川式土器と同じ、木葉文をもつ土器が福島県で出土することを報告する（中村 1978）。そして、福島県を中心に東北地方にも畿内第Ⅰ様式と同じ時期の土器があり、大型壺なども存在することを事例報告とともに分析した（中村 1982）。しかし、こうした成果により東北に弥生時代前期の存在が認められるまでにはいたらなかった[13]。その認識が急激に変化するのは 1981 年に発見され、1983 年に発掘調査が行われた、青森県垂柳遺跡の田舎館式土器に伴った水田の確認であった（伊東 1984、青森県埋蔵文化財センター 1985）。稲作を行った証拠である水田の発見により、伊東が 1950 年に提示した田舎館式土器が弥生土器であり、本州最北まで弥生文化が存在していたことが確定されたのである。

このことは、東北地方での遠賀川式土器の分布にも新たな発見をもたらす。垂柳遺跡の発見で青森県南郷村松石橋遺跡から、完全な形の遠賀川式土器が 1978 年に出土していたことが、1982 年 11 月に開催された青森県立郷土館の展覧会で発見される[14]。そして伊東によってほかにも 1967 年調査の青森県剣吉荒町遺跡、1958 年出土の岩手県金田一川遺跡から大洞 A' 式あるいは砂沢式土器と伴う遠賀川式土器の存在（亀沢 1958）、また 1980 年に調査された青森県是川遺跡出土資料のなかに遠賀川式土器の甕の破片があることが報告され、東北北部にまで弥生時代前期の土器が存在していることが報告された（伊東 1984）。これによって大洞 A' 式期には、すでに農耕が始まっていたことが提示された。

---

13) その理由については、「如何せん直接的資料に乏しく、それは一つの声にとどまり、定説を書き改めるには至らなかった」（佐原 1987b：pp.350-351）という感想がある。しかし、これは否定した当事者の後付けの評価である。

14) 松石橋遺跡の遠賀川系土器の発見の顛末については、市川・木村 1984、伊東 1984、中村 1988 にくわしい。

こうした状況のなか、さらに新たな発見によって青森県の前期段階の弥生文化の存在が確認された。それが 1987 年の青森県弘前市砂沢遺跡の前期の水田の発見である（村越 1988）。砂沢遺跡から出土する砂沢式土器は、大洞 A' 式の直後に位置づけられており（中村 1988、須藤 1990 など）、遺物だけではなく、生産遺構が調査された意義は大きく、確かな証拠となった。この調査成果によって、東北北部までの範囲が畿内とほぼ同時期に縄文文化から弥生文化へ移行し、段階的な伝播という荘介段の編年が成立しないことの証明となった。内地では縄文から弥生へはほぼ同じ頃に移行するとした山内の 1932 年の枠組みは、山内自身が否定した東北北部まで地域を拡大して、証明されたといえる。

AMS 法による開始年代の再遡及と時間的格差

　しかし、この枠組みも 2003 年以降大きく変化する。その原因は新たな年代観の提示であり、これにより弥生時代の開始年代の地域的格差が拡大することとなる。2003 年に AMS 法によって、弥生時代の開始（早期）が九州北部で BC10 世紀まで遡るとの見解が発表された。この年代観については、早期が BC700 年以後という案も存在している（田中 2011）が、どちらの案を採用して考えるにしても、水田が確認されたことを基準とした弥生時代の開始の年代は、九州北部と東北（前期前半）では約 600〜350 年、東海東部（中期後半）では約 700〜450 年の開きがあることになった（藤尾 2013：第 23 図）。

　弥生時代が存続した期間を、国立歴史民俗博物館が提示した約 1200 年間と仮定した場合、藤尾慎一郎の意見では、弥生の I 期ごろまでは東日本の半分が弥生文化ではなくなってしまうこととなる。二つの文化・時代が日本列島の西と東で 600 年以上併存していたことになる。これは山内の枠組み提案以前への回帰である。この枠組みでは、弥生時代を独

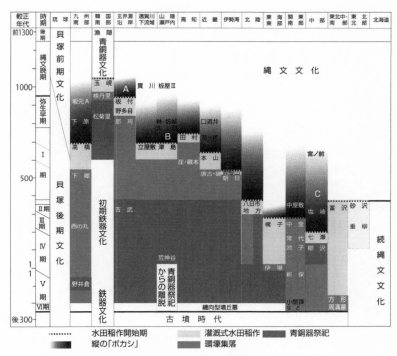

第23図　灌漑水田を基準とした弥生時代の開始年代（藤尾 2013）

立した文化としてとらえることは難しい。また、灌漑水田が確認できない地域や時期においても、縄文文化にはない要素、例えば土器組成における壺と甕の存在、大陸系磨製石器の存在などが確認されているので、それまでの縄文文化と同じであるということもできない。コメやアワ、キビが存在するので続縄紋文化であるとすることもできないのである。

古墳時代との境

　縄文文化から弥生文化の変化に関する議論とともに、弥生文化から古墳文化に関する議論も、弥生文化の独立を考える際には重要である。この問題の設定自体はシンプルであって、山内が古墳時代には墳墓が盛大

になるとしたように、弥生文化と古墳文化の境は「古墳」の成立を基準にする。しかし、この原則的・理論的な考えを実際の資料にあわせて見ると、その境を見極めることは簡単ではない。

　まず、どのような基準で「古墳」と定義するかである。近藤が示した「定型化した前方後円墳」[15]をもって古墳の成立と考えるにしても、各地域の前期前方後円墳がこれらの要素を兼ね備えたわけではない。また、寺沢薫が提唱した「纒向型前方後円墳」（寺沢 1988）や前方後方形周溝墓をどのように評価するのか、といった問題がある（浜田 2018 参照）。また、前方後円墳と前方後方墳の登場をもって古墳の成立とするにしても、東北地方北部（岩手・秋田県・青森県）は、岩手県角野古墳を除き前方後円墳の築造は認められない（近藤編 1992、辻 2011）。

　弥生土器と土師器を区別することで、いわば土器を基準として時代を分ける方法も、土器の変化が緩やかであり画期を見つけにくいという難点がある（浜田 2018 参照）。鉄器普及の状態や耕地拡大の様相、古墳築造の固定化の実現などから、「弥生時代中期後半以降古墳時代中期に至る期間は、社会構造の基盤をなす諸側面において共通する部分が多く、この点に限るならば、大局的には同じ文化段階にある」（土生田 2009：p.195）という意見に代表できるように、集落・生産域から弥生と古墳の変化の画期を見いだすことは難しい。

　このように、弥生文化と古墳文化を分ける明確な基準がないのが現状である。しかし、縄文と弥生に比べ、弥生と古墳の間での差は、古墳（前方後円墳・前方後方墳）という共通の祭式あるいは政治体制への参加・対抗の色合いが強いことは間違いない。したがって、弥生文化から古墳文

---

15)　その内容は①鏡の大量埋納の思考、②長大な割竹型木棺、③墳丘の前方後円墳という定型化とその巨大化（近藤 1983）である。

154

化への移行の画期は、古墳築造の基準を何に置くのか、という最初の命題の解決が必要になる。前期古墳出土の紀年銘をもつ鏡とその伝世の解釈から、古墳築造の開始を3世紀中葉から後半に求める考え（都出1998、白石1999）が現在一般的な考え方であろうが、その検討は古墳出土資料にあり、弥生文化側からは導き出せない。現状では弥生文化と古墳文化の画期は、古墳文化の資料の分析から導き出され、墳墓としての「古墳」の成立がその画期であるといわざるを得ない。

弥生時代の独立とは

古墳との境については弥生文化の資料からでは導きだせないが、縄文との境について、今一度考えてみよう。先に紹介した藤尾はそれまでの研究史を繙きながら、多様な弥生文化の指標が存在してきたことを述べている。そうした過去の研究に学び、「社会的側面や祭祀的側面」（藤尾2013：p.210）を弥生文化の決め手と述べるが、最終的には「灌漑式水田稲作を選択的生業構造のなかに位置づけたうえでそれに特化し、一端始めれば戻ることなく古墳文化へと連続していく文化である」（同書：p.215）と規定する。つまり、藤尾が考える社会的側面や祭祀的側面は水稲を導入したことによる社会の変化や祭祀の変化を述べているのであり、基準は灌漑稲作にある。

この基準は、現在の弥生時代のパラダイムである。縄文文化からの伝統的な系譜を重視して弥生文化を理解する石川日出志も、「弥生時代を縄文時代と画すのは、灌漑稲作の開始というもっとも基底的な要素をもって定め、社会や祭祀の質的な変化はそれに続いて地域ごとに状況を違えながら徐々に進行した」（石川2010：p.76）と灌漑稲作基準であることを述べている。石川と同じく縄文文化の伝統を重視する設楽博己は、東日本の中期前半以前をアワ・キビなど「様々な文化要素が連鎖的に農耕

と関係している「農耕文化複合」」（設楽 2014：p.410）という概念でまとめた。レプリカ・セム法などの成果を取り入れたこの考え方は、最も現実に則した解釈といえる。しかし、設楽の問題はイネが安定的・数量的に多く検出できるようになる中期後半以降は弥生文化となり「弥生文化は朝鮮半島よりも水田稲作、イネへの志向性が強い」（同書：p.466）と述べているように、中期後半は灌漑稲作の「弥生文化」単一と解釈している点である。

　弥生文化は農業を主体とする文化であると考えることは、縄文文化の生業が狩猟・漁撈・採集・栽培など多角的に行われていることと比較した上で、妥当性を見いだすことはできる。しかし、その農業の内容が水稲の単作を基礎に考えてきたことは問題が多い。この問題を筆者は「水稲単作史観」ととらえ、水稲だけで弥生文化の農業や社会を推測することが正しくないことを明示した（浜田 2019）。その根拠の一つはレプリカ・セム法で確認されたアワ・キビ・マメ類などの畠作物の存在である。この存在証明された畠作物は弥生文化の中でどのような役割を担っていたのか、が従来の研究では語られていないのである。また、水稲単作での農業生産の安定はようやく戦後になって実現したものであり、それ以前には災害の記録で確かなように収穫が不安定で、たびたび飢饉があった。そのため、飢饉に備えアワ・キビなどの作物を栽培していたことが近世の資料でもうかがえる。つまり植物特性を生かした複数種類の穀物栽培を行うことで、飢饉に備える姿が戦前までの日本農業なのである。これがまた別の根拠の一つでもある。

　単作栽培の危険性を度外視できるほど弥生文化の水稲単作（ほかの穀類の単作でも同じ）は発展していたのか。水稲単作の従来の研究では、こうした問題を不問にしたまま水稲農耕の存在をもって仮説としての水稲単作を考えた。そのため仮説のまま、灌漑稲作が弥生文化を規定すると考

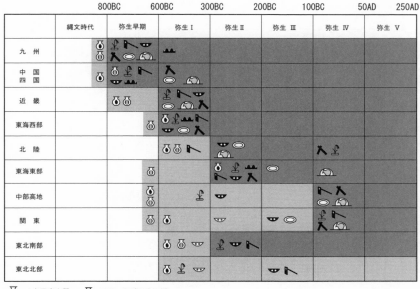

第24図　弥生文化の諸要素の出現時期（中山 2019）

えている従来の方法は、見直す時期に来ている、としたのである。水稲
だけでは弥生文化とその社会は成立しないのではないか[16]。そこには、
水稲と対になる畠作物の存在を考える必要がある。そしてこれは縄文文
化からの伝統ではないか。筆者の考えはそのような趣旨であった。

---

16)　さらに筆者は農耕民とは異なる海に関連した弥生人についても、弥生時代に大規模
　　な貝塚が形成された南加瀬貝塚に隣接する集落の調査（浜田 1997、浜田・山本 2017）
　　から、その重要性に気づいた。物資の流通を担う弥生人の存在も、弥生文化や弥生社
　　会を考える上で重要な要素であり、これから議論が高まることが期待されている（設
　　楽 2009、杉山 2014、浜田・中山・杉山 2019、西川 2020）。

これまでの、灌漑稲作そしてこれを基にした水稲単作史観で弥生文化を考えていった結果、地域によって弥生時代の開始が不均衡な構図となってしまっていると言え、新たな基準、枠組みが必要となっている。弥生文化をどのように規定するのか。

　その課題解決の私案として、これまで考えてきた弥生文化の基準を再考する方法がある。縄文文化と弥生文化は20世紀の研究成果では、前者が狩猟・漁撈・採集の獲得経済であり、後者は植物栽培を行う生産経済という違いをもっていたと考えられてきた。しかし、21世紀になりレプリカ・セム法により縄文時代中期以降マメ類の栽培が行われていたことが判明し、晩期にはアワ・キビが、一部の遺跡からはイネも確認されている。そしてこの傾向は弥生文化も引き継いでさらに安定的に確認されてきている（*Chapter*6 参照）。ここから縄文文化の伝統の上に農業を主体的に取り入れる趨勢の中で、新来の要素としてイネが加わり農耕社会が本格化していったのが弥生文化だと規定できるのではないだろうか。新来の要素にイネだけではなく、土器組成に壺、大陸系磨製石器類など複数の要素を加えながら、弥生文化の開始時期を判断することが必要である。例えば壺を土器組成にもつアワ・キビが安定的に存在する時期を弥生文化と認めると、多くの地域で弥生文化の開始期は弥生早期や弥生Ⅰ期に遡って開始するという解釈も可能になる（第24図）。

弥生文化の枠組みのこれから

　弥生時代の枠組みの思考過程を整理すると、まず弥生時代は弥生式土器の使用された時代であるという認識があった。次の段階は水稲耕作による食糧生産経済へ転換した時代を弥生時代とし、その時代の文化を弥生文化、その時代の土器を弥生土器と定義付ける、「土器」から「生業」を基準とするパラダイムシフトを生んだ（佐原・金関 1975、佐原 1975b）。そ

の後生業のなかには水稲だけではなく、畑作物が存在すること、その畑作は縄文時代から行われていたことが確認された。そして21世紀になり弥生時代の年代を500年以上遡らせることが提示された。それに伴い金属器の出現時期が訂正され、水田開始の時期が地域によって大きく差があることが顕著になった。

　また、同じ頃農業以外の活動に従事する人びとや流通を担う人びとの存在にも、再び眼を向けることの重要性が指摘されてきた（田中・金関1998、設楽2009、杉山2014）。さらに本論では詳しく触れることが出来なかったが、農業技術とは異なる手工業製品を作り出す職人の存在が、専門集団であるかは別としても「弥生都市論」（乾1996、広瀬1998、秋山2006）を構成する重要な要素として検討されたのも、農業や農耕民とは異なる視点で弥生文化をとらえようとした研究でもあった。

　このように変化してきたパラダイムが、どのように弥生時代の枠組みを規定し、弥生時代像として焦点を結んでいくのか。これがこれからの研究の課題であることは間違いない。

　弥生文化・弥生時代の枠組みは、現在もゆれ動いている。

おわりに

　「先生、この結論には根拠が示されていません」。学生からの言葉にそんなわけはないだろう、と思いながらも該当の文献に目を通して、学生の指摘が正しかったことが何度かあった。そうした事例の多くは、筆者が専門としている弥生文化以外の文献であり、根拠がないことを知らなかったのは、筆者がその文献を読んでいないことが原因であった。しかし、弥生文化・弥生時代に関する文献では、根拠が示されていない論文や報告書などが存在しているのは知っているので、そうした事例については、「根拠を示さない以上それは研究成果としては評価できない、つまり研究成果としては取り上げる必要はない。ただし、根拠を示していないため卒論では取り上げないということを明示しておくように」といったアドバイスを与えている。

　こうした根拠を示さない事例は論外としても、根拠や証拠となるものの出土状況が、確実に弥生時代のものであるか、といった手続きを踏まえないで採用され、それが後に証拠に足るべき条件を備えていなかったと確認されることがある。そしてその資料とそれを解釈して形成された学説が否定されるということが、過去の弥生文化研究で起こったことは、本書に述べた通りである。こうした事例は今から思えば証拠として採用された時点での、資料の検討・吟味が不足していたと批判することはできる。しかし、批判するだけではなく、同じ失敗を繰り返さないためには、過去の研究に学びながら、現在の研究に生かさなければ意味がない。なぜその学説は否定されたのか。現在も同じような根拠や解釈によって学説が組み立てられていないか。否定された学説の上に立って、

新たな学説が述べられていないか。議論が起こりながら学説が淘汰圧に堪えて、将来まで残る動かない研究方法や事実は何か。といったことを現在進行形の研究に応用する。それが研究史を活用していく現代的課題の一つである。これまでおぼろげながら抱いていた考えが、本書の執筆を通じて少しクリアーになったと感じている。

　本書の出版は「はじめに」でも述べたように、2018年に刊行した『弥生文化読本』の完売・絶版に伴うことがきっかけであった。『弥生文化読本』刊行後、中山誠二さんや杉山浩平さんとともに、これまでの弥生時代像とは異なる視点で描き上げた『再考「弥生時代」』を雄山閣から出版させていただいた。博士論文刊行でのご縁もあり雄山閣の桑門智亜紀さんに出版の相談をし、さまざまなアドバイスをもらいながら2020年春から執筆を開始した。しかし、その頃から猛威をふるいはじめた新型コロナウィルスのため、遠隔授業の資料作成に時間をとられることとなり、実際に執筆を開始したのは2020年も押し迫ってきた頃になった。現在でもコロナウィルスの猛威は収まらないが、なんとか擱筆することができたことに安堵の感を強くする。

　本書の刊行では雄山閣の桑門さんには原稿の細部にわたる校正や出版の延期の申し出など、ご迷惑をかけた。未定稿の原稿をゼミナールや大学院で使い、学部生・大学院生から意見をいただいた。また、『弥生文化読本』『再考「弥生時代」』など筆者が携わった著作物に対して、多くの方々にご意見やご批評を賜った。ご芳名を記さないご無礼をお許しいただき、末筆ながら、皆さんに謝意を表したい。

　　　　　　2021年9月　　孫悠斗の成長を見守る武蔵野の拙宅にて

Reference 参考文献

※雑誌などの「第」「巻」「号」「集」などは省略した。
※サブタイトルは省略した。
※著者が行政機関の場合は編集・発行機関を省略した。
※報告書・紀要などでシリーズ名に刊行機関の名称が付されているものは発行機関を割愛した。

青森県埋蔵文化財センター　1985『垂柳遺跡発掘調査報告書』青森県埋蔵文化財調査報告書 88

秋山浩三　2006『弥生実年代と都市論のゆくえ・池上曽根遺跡』新泉社

阿子島香　1983「ミドルレンジセオリー」『考古学論叢 I』芹沢長介先生還暦記念論文集刊行会

阿部正功・大野延太郎・鳥居龍蔵　1895「秩父地方に於ける人類学的旅行」『東京人類学会雑誌』110

有坂鉊蔵　1923「日本考古学懐旧談」『人類学雑誌』38-5、東京人類学会

有坂鉊蔵　1935「弥生式土器発見の頃の思出」『ドルメン 特集日本石器時代』4-6、岡書院

安斎正人　1990『無文字社会の考古学』六興出版

安斎正人　1994『理論考古学』柏書房

安斎正人　1996『現代考古学』同成社

安斎正人　2004『理論考古学入門』柏書房

安藤広道　2002「異説弥生畑作考」『西相模考古』11、西相模考古学会

安藤広道　2014「水田中心史観批判の功罪」『国立歴史民俗博物館研究報告』185

石川恒太郎　1957「宮崎市憶出土の石庖丁形鉄製品」『宮崎県文化財調査報告書』第二編

石川岳彦　2011「青銅器と鉄器普及の歴史的背景」『弥生時代の考古学』3、同成社

石川日出志　1996 「小田原式土器」『日本土器事典』雄山閣

石川日出志　2010 『農耕社会の成立』岩波新書 1271、岩波書店

石田英一郎・泉　靖一編　1968『シンポジウム日本農耕文化の起源』角川新書 234、角川書店

市川金丸・木村鉄次郎　1984「青森県松石橋遺跡から出土した弥生時代前期の土器」『考古学雑誌』
　　69-3、日本考古学会

伊東信雄　1941「仙台地方の古代文化」『仙台郷土研究』11-9、仙台郷土研究会

伊東信雄　1950「東北地方の弥生式文化」『文化』2-4（復刊第 8 号）、東北大学文学会

伊東信雄　1960「東北北部の弥生式土器」『文化』24-1、東北大学文学会

伊東信雄　1976「東北古代文化の研究」『東北考古学の諸問題』寧楽社

伊東信雄　1984「青森県における稲作農耕文化の形成」『北方日本海文化の研究』東北学院大学東北
　　文化研究所

乾　哲也　1996「弥生中期における池上曽根遺跡の集落構造」『ヒストリア』152、大阪歴史学会

犬塚又兵衛　1893「会津及安達郡ノ遺蹟」『東京人類学会雑誌』9-94

犬塚又兵衛　1894「岩代福島地方石器時代遺蹟（犬塚又兵衛氏ヨリ坪井正五郎ヘノ来書）」『東京人
　　類学会雑誌』9-101

今村峯雄　2003「高精度年代測定による総合的歴史研究」『国立歴史民俗博物館研究報告』108

ウィットフォーゲル／森谷克己・平野義太郎訳　1939『東洋的社会の理論』日本評論社

丑野　毅・田川裕美　1991「レプリカ法による土器圧痕の観察」『考古学と自然科学』24、文化財科
　　学会

梅原末治　1918「大和国吐田郷発見の銅鐸と銅鏡に就いて」『歴史地理』32-2、日本歴史地理学会

梅原末治　1922『鳥取県史蹟勝地調査報告』鳥取県

エガース／田中　琢・佐原　眞訳　1981『考古学入門』岩波書店

江坂輝彌　1955「日本石器時代の文化」6、『奥羽史談』6-1、奥羽史談会

江坂輝彌　1959「縄文文化の時代における植物栽培起源の問題に対する一考察」『考古学雑誌』44-3、日本考古学会

大塚久雄　1970『共同体の基礎理論』改訂版、岩波書店

大築洋之助　1902「伊豆国大島溶岩流下の人類遺跡」『地質学雑誌』8-99、日本地質学会

大野延太郎　1899「常陸福田貝塚ニ於ケル土器石器ノ包含」『東京人類学会雑誌』154

大野延太郎・鳥居龍蔵　1894「武蔵国北多摩郡国分寺村石器時代遺跡」『東京人類学会雑誌』102

大野延太郎・鳥居龍蔵　1895「武蔵国北多摩郡国分寺村石器時代遺跡（前号ノ続き）」『東京人類学会雑誌』107

大野　究　2007「大境洞窟住居跡」『氷見市史』10 資料編8 文化遺産、氷見市

大場磐雄　1933「縄文式土器論の過去及び現在」『考古学雑誌』23-1、考古学会

大場磐雄　1969「弥生文化研究の進展」『新版考古学講座』4、雄山閣

大村　裕　2004「稲生典太郎先生が山内清男に出会った頃」『白門考古論叢』稲生典太郎先生追悼考古学論集刊行会

大村　裕　2014『日本先史考古学史講義』六一書房

大村　裕　2021「山内清男と森本六爾」『芙蓉峰の考古学Ⅱ』六一書房

大山　柏　1927『神奈川県下新磯村字勝坂遺跡包含地調査報告』史前学研究会小報1、大山史前学研究所

大山　柏　1934a「日本石器時代の生業生活」『改造』1月号、改造社

大山　柏　1934b「史前生業研究序説」『史前学雑誌』6-2、史前学会

岡崎　敬　1955「銅剣・銅矛・銅戈」『日本考古学講座』4、河出書房

岡村　渉　2008「静清平野　登呂遺跡」『弥生時代の考古学8 集落からよむ弥生社会』同成社

小田富士雄　1986「1. 日本でつくった青銅器」『弥生文化の研究』6、雄山閣

乙益重隆　1961「5 熊本県斎藤山遺跡」『日本農耕文化の生成』本文編、日本考古学協会・東京堂

乙益重隆　1967「弥生式時代開始の諸問題」『考古学研究』14-3、考古学研究会

小野忠熙　1958「弥生式集落の垂直的遷移現象に関する若干の問題」『人文地理』10-3、人文地理学会（後に「弥生集落の垂直的遷移現象」と改題し、1984『高地性集落論』学生社に再録。引用ページは再録による）

小野忠熙　1959「瀬戸内地方における弥生式高地性村落とその機能」『考古学研究』6-2、考古学研究会（後に「瀬戸内の弥生系高地性村落とその機能」と改題し、1984『高地性集落論』学生社に再録。引用ページは再録による）

小畑弘己編　2007『列島初期農耕史の新視点』日本考古学協会熊本大会実行委員会

小畑弘己　2015『タネをまく縄文人』吉川弘文館

賀川光夫　1972『農耕の起源』講談社

鍵谷徳三郎　1908a「尾張熱田高倉貝塚実査」『考古界』7-2、考古学会

鍵谷徳三郎　1908b「尾張熱田高倉貝塚実査」『東京人類学会雑誌』23-266

角張淳一　2010『旧石器捏造事件の研究』鳥影社

笠原安夫・藤沢　浅・浜田晋介　1987「中野甲の原遺跡出土の炭化種子をめぐる畑作の問題」『東京考古』5、東京考古談話会

金関丈夫　1951「根獅子人骨に就いて（予報）」『平戸学術調査報告』京都大学平戸学術調査団

金関丈夫・永井昌文・山下茂雄　1954「長崎県平戸島獅子村根獅子免出土の人骨について」『人類学研究』1-3・4、九州大学医学部解剖学教室内人類学研究発行所

金関　恕編　1995『弥生文化の成立』角川書店

亀沢　磐　1958「福岡町金田一川遺跡」『岩手史学研究』29、岩手史学会

川崎志乃　2002「筋違遺跡の発掘調査」『日本考古学』14、日本考古学協会

菊池重郎　1959「文部省における「百科全書」刊行の経緯について」『日本建築学会論文報告集』61、日本建築学会

喜田貞吉　1918a「河内国国府遺蹟最古の住民」『歴史地理』32-4、日本地理歴史学会

喜田貞吉　1918b「北陸地方の古代民族の消長について」『歴史地理』32-5、日本地理歴史学会

喜田貞吉　1933「石器時代遺蹟から宋銭と鐡の曲玉」『歴史地理』62-1、日本歴史地理学会

喜田貞吉　1934「奥羽地方石器時代実年代の下限」『歴史地理』63-1、日本歴史地理学会

木村茂光　1996『ハタケと日本人』中公新書

黒尾和久・高瀬克範　2003「縄文・弥生社会の雑穀栽培」『雑穀』青木書店

甲野　勇　1925「J.G.Anderson：A Early Chinese Culture.1923」『人類学雑誌』40-11、東京人類学会

甲野　勇　1928『埼玉県柏崎村真福寺貝塚調査報告』史前学研究会小報2、大山史前学研究所

甲野　勇　1935「関東地方に於ける縄紋式石器時代文化の変遷」『史前学雑誌』7-3、史前学会

甲野　勇　1953『縄文土器の話』世界社

甲野　勇・小林行雄　1934「新石器時代」『世界歴史大系』平凡社

後藤　明　1983「『シンボリック・アーケオロジー』の射程」『東京大学文学部考古学研究室研究紀要』2

後藤　直　2006『朝鮮半島初期農耕社会の研究』同成社

後藤　直　2011「栽培植物種子からみた弥生時代農業」『講座日本の考古学』6、青木書店

後藤守一　1941『日本の文化 黎明編』葦牙書房

小林謙一　2006「縄紋時代研究における炭素14年代測定」『国立歴史民俗博物館研究報告』133

小林謙一　2008「縄文土器の年代（東日本）」『総覧 縄文土器』アム・プロモーション

小林謙一・坂本　稔・松崎浩之・設楽博己　2008「土器付着物およびアワ胚乳の^{14}C年代測定」『中屋敷遺跡発掘調査報告書』昭和女子大学人間文化学部歴史文化学科

小林行雄　1930a「弥生式土器に於ける櫛目式文様の研究」『考古学』1-5、東京考古学会

小林行雄　1930b「弥生式土器に於ける櫛目式文様の研究」『考古学』1-6、東京考古学会

小林行雄　1931a「弥生式土器に於ける櫛目式文様の研究」『考古学』2-5、東京考古学会

小林行雄　1931b「弥生式土器に於ける櫛目式文様の研究」『考古学』2-6、東京考古学会

小林行雄　1932a「弥生式土器に於ける櫛目式文様の研究」『考古学』3-1、東京考古学会

小林行雄　1932b「安満B類土器考」『考古学』3-4、東京考古学会

小林行雄　1932c「吉田土器及び遠賀川土器とその伝播」『考古学』3-5、東京考古学会

小林行雄　1933a「遠賀川系土器東漸形態研究」（当時未発表：2005『小林行雄考古学選集』1、真陽社が初出）

小林行雄　1933b「畿内弥生式土器の一二相」『考古学』4-1、東京考古学会

小林行雄　1933c「弥生式土器に於ける貝殻施文」『人類学雑誌』48-3、東京人類学会

小林行雄　1933d「神戸市東山遺跡弥生式土器研究」『考古学』4-4、東京考古学会

小林行雄　1933e「弥生式土器様式研究の前に」『考古学』4-8、東京考古学会

小林行雄　1933f「流水文に有する弥生式土器」『考古学』4-10、東京考古学会

小林行雄　1934a「一の伝播変移現象」『考古学』5-1、東京考古学会

小林行雄　1934b「土器の製作と轆轤の問題」『考古学評論』1-1、東京考古学会（後に 2005『小林
　　行雄考古学選集』1、真陽社に所収。引用ページは所収本による）

小林行雄　1935「弥生式土器の様式構造」『考古学評論』2、東京考古学会

小林行雄　1938「弥生式文化」『日本文化史大系 1 原始文化』誠文堂新光社

小林行雄　1939「弥生式土器聚成図録正編解説」東京考古学会（後に 2005『小林行雄考古学選集』1、
　　真陽社に再録。引用ページは再録本による）

小林行雄　1941「銅鐸年代論」『考古学』12-1、東京考古学会

小林行雄　1943a「編註」森本六爾『日本考古学研究』桑名文星堂

小林行雄　1943b「補遺　土器の編年研究」中谷治宇二郎『校訂日本石器時代提要』養徳社

小林行雄　1947『日本古代文化の諸問題』高桐書院（後に 1972『民族の起源』塙新書 40、塙書房に再録。
　　引用ページは再録本による）

小林行雄　1951『日本考古学概説』創元社

小林行雄　1962「考古学史―日本―」『世界考古学大系』16、平凡社

小林行雄　1967『女王国の出現』国民の歴史 1、文英堂

小林行雄　1971「解説」『論集 日本文化の起源 1 考古学』平凡社

小林行雄　1982「わが心の自叙伝」『神戸新聞』（後に 1983『考古学一路』平凡社に再録、引用ペー
　　ジは再録本による）

小林行雄・藤沢一夫　1934「尾張西志賀の遠賀川式土器」『考古学』5-2、東京考古学会

小林行雄・佐原　眞　1964『紫雲出』香川県詫間町文化財保護委員会

近藤義郎　1952『佐良山古墳群の研究』津山市

近藤義郎　1953『蒜山原』岡山県

近藤義郎　1959「単位集団と共同体」『考古学研究』6-1、考古学研究会

近藤義郎　1960「農具のはじまり」『世界考古学大系』2、平凡社

近藤義郎　1962「弥生文化論」『日本歴史』1 原始および古代、岩波書店

近藤義郎　1964「戦後日本考古学の反省と課題」『日本考古学の諸問題』考古学研究会

近藤義郎　1966「弥生文化の発達と社会関係の変化」『日本の考古学』3、河出書房

近藤義郎　1983『前方後円墳の時代』岩波書店

近藤義郎編　1992『前方後円墳集成　東北・関東編』山川出版社

近藤義郎・佐原　眞編　1983『大森貝塚 付関連史料』岩波文庫青 432-1、岩波書店

酒詰仲男　1957「日本原始農業試論」『考古学雑誌』42-2、日本考古学会

佐藤伝蔵　1900「本邦発見青銅器の化学分析に就いて」『東京人類学会雑誌』177

佐藤伝蔵　1920「地学上より見たる越中氷見の洞窟」『地学雑誌』32-5、東京地学協会

佐藤敏也　1971『日本の古代米』雄山閣

佐原　眞　1960「銅鐸の鋳造」『世界考古学大系』2、平凡社

佐原　眞　1967「山城における弥生式文化の成立」『史林』50−5、史学研究会

佐原　眞　1968「日本農業起源論批判」『考古学ジャーナル』23、ニュー・サイエンス社

佐原　眞　1970「大和川と淀川」『古代の日本』5、角川書店

佐原　眞　1975a「かつて戦争があった」『古代学研究』78、古代学研究会（後に 2005『佐原眞の仕事』4、岩波書店に再録。引用ページは再録本による）

佐原　眞　1975b「農業の開始と階級社会の形成」『岩波講座 日本歴史 1』岩波書店

佐原　眞　1983「弥生時代・弥生文化・弥生土器」『弥生土器 I』ニュー・サイエンス社

佐原　眞　1984「山内清男論」『縄文文化の研究』10、雄山閣

佐原　眞　1986「総論」『弥生文化の研究』6、雄山閣

佐原　眞　1987a『体系日本の歴史 1 日本人の誕生』小学館

佐原　眞　1987b「みちのく遠賀川」『東アジアの考古と歴史』中、同朋舎（後に 2005『佐原眞の仕事 2 道具の考古学』岩波書店に再録。引用ページは再録本による）

佐原　眞　1995「コメと日本人」『国立歴史民俗博物館研究報告』60

佐原　眞・金関　恕　1975「総論・米と金属の時代」『古代史発掘 4 稲作の始まり』講談社

潮見　浩　1982『東アジア初期鉄器文化の研究』吉川弘文館

設楽博己　1996「弥生土器の様式論」『考古学雑誌』82−2、日本考古学会

設楽博己　2009『江藤千萬樹考古学論集』沼津市史叢書 11、沼津市教育委員会

設楽博巳　2014「農耕文化複合と弥生文化」『国立歴史民俗博物館研究報告』185

設楽博己・佐々木由香・國木田大・米田　穣・山﨑孔平・大森貴之　2015「福岡県八女市岩崎出土の炭化米」『東京大学考古学研究室研究紀要』29

篠原和大　2011『手越向山遺跡の研究』静岡大学考古学研究室

柴田常恵ほか　1933a「座談会 弥生式土器問題の回顧と展望（一）」『ドルメン』3−1、岡書院

柴田常恵ほか　1933b「座談会 弥生式土器問題の回顧と展望（二）」『ドルメン』3−2、岡書院

柴田承桂訳　1877『百科全書 古物学』文部省

シーボルト　1879『考古説略』（国立国会図書館デジタルコレクション）

白石太一郎　1999「古墳とヤマト政権」文春文庫、文芸春秋

末永雅雄　1937a「大和唐古弥生式遺蹟発掘日誌」『考古学』8−2、東京考古学会

末永雅雄　1937b「大和唐古弥生式遺蹟発掘日誌（一）」『考古学』8−3、東京考古学会

末永雅雄　1937c「大和唐古弥生式遺蹟発掘日誌（二）」『考古学』8−4、東京考古学会

末永雅雄・小林行雄・藤岡謙二郎　1943『大和唐古弥生式遺蹟の研究』京都帝国大学文学部考古学研究報告 16

杉原荘介　1936a「相模小田原出土の弥生式土器に就いて」『人類学雑誌』51−1、東京人類学会

杉原荘介　1936b「相模小田原出土の弥生式土器に就いての補遺」『人類学雑誌』51−4、東京人類学会

杉原荘介　1936c「下野・野澤遺跡及び陸前・桝形囲貝塚出土の弥生式土器の位置について」『考古学』7−8、東京考古学会

杉原荘介　1942「弥生式文化研究上の二三の問題」『古代文化』12−2、日本古代文化学会

杉原荘介　1943『原史学序論』（第 1 版）葦牙書房

杉原荘介　1950「古代前期の文化」『新日本史講座 古代前期』中央公論社

杉原荘介　1955「弥生文化」『日本考古学講座』4、河出書房

杉原荘介　1960「農業の発生と文化の変革」『世界考古学大系』2、平凡社

杉原荘介　1961「日本農耕文化の生成」『日本農耕文化の生成』本文編、日本考古学協会・東京堂出版

杉原荘介　1963「日本農耕文化生成の研究」『明治大学人文科学研究所紀要』2、明治大学人文科学研究所

鈴木公雄　1969「土器型式における時間の問題」『上代文化』38、國學院大学考古学会

鈴木公雄　1988『考古学入門』東京大学出版会

須藤　隆　1990「東北地方における弥生文化」『考古学古代史論攷』伊藤信雄先生追悼論文集刊行会

澄田正一　1955「日本原始農業発生の問題」『名古屋大学文学部論集（史学）』11

芹沢長介　1958「縄文土器」『世界陶磁全集』1、河出書房新社

芹沢長介　1960『石器時代の日本』築地書館

高橋健自　1916a「銅鉾銅剣考（一）」『考古学雑誌』6-11、考古学会

高橋健自　1916b「銅鉾銅剣考（二）」『考古学雑誌』6-12、考古学会

高橋健自　1916c「銅鉾銅剣考（三）」『考古学雑誌』7-2、考古学会

高橋健自　1916d「銅鉾銅剣考（四）」『考古学雑誌』7-3、考古学会

高橋健自　1917「銅鉾銅剣考（五）」『考古学雑誌』7-5、考古学会

高橋健自　1918「挿絵　大和国南葛城郡吐田郷大字名柄発掘銅鐸及珍鏡」『考古学雑誌』8-11、考古学会

高橋健自　1919「南葛城郡名柄発掘の銅鐸及び銅鏡」『奈良県史蹟名勝地調査会報告書』第6回、奈良県

高橋健自　1923「日本青銅器文化の起源」『考古学雑誌』13-12、考古学会

高橋健自　1925『銅鉾銅剣の研究』聚精堂書店

高宮廣衛　1961「沖縄本島の先史文化―概観―」『沖縄文化』4、沖縄文化協会

竹岡俊樹　2014『考古学崩壊』勉誠出版

田中　琢・金関　恕　1988『古代史の論点③』小学館

田中良之　2011「AMS年代測定法の考古学への適用に関する諸問題」『AMS年代と考古学』学生社

田中良之　2014「いわゆる渡来説の成立過程と渡来の実像」『列島初期の稲作の担い手は誰か』すいれん舎

谷井済一　1913「同所発掘の銅鐸と銅剣」『考古学雑誌』3-10、日本考古学会

谷井済一　1914「口絵略解」『考古学雑誌』4-12、日本考古学会

谷川（大場）磐雄　1924「武蔵国橘樹郡箕輪貝塚発掘報告」『考古学雑誌』16-4、考古学会

近重真澄　1918「東洋古銅器の科学的分析」『史林』3-2、史学会

チャイルド／襧津正志訳　1944『アジアの古代文明』伊藤書店（原著は1928年刊）

チャイルド／ねずまさし訳　1951『文明の起源』〔改訂版〕（上）岩波新書66、（下）岩波新書69（原著は1936年刊）

チャイルド／襧津正志訳　1954『歴史学入門』新評論社（原著は1944年刊）

チャイルド／今来陸郎・武藤　潔訳　1958『歴史のあけぼの』岩波書店（原著は1942年刊）

チャイルド／近藤義郎・木村祀子訳　1969『考古学とは何か』岩波書店（原著は1956年刊）

チャイルド／近藤義郎訳　1981『考古学の方法』岩波書店（原著は1956年刊）

辻　秀人　2011「10 東北南部」『講座日本の考古学 古墳時代』上、青木書店

都出比呂志　1970「農業共同体と首長権」『講座日本史』1、東京大学出版会

都出比呂志　1984「農耕社会の形成」『講座日本歴史　原始古代1』東京大学出版会

都出比呂志　1989『日本農耕社会の成立過程』岩波書店

都出比呂志　1998「総論―弥生から古墳へ」『古代国家はこうして生まれた』角川書店

都出比呂志・伊藤　純　2005「解説小林行雄の弥生土器研究」『小林行雄考古学選集』1、真陽社

坪井清足　1962「縄文文化論」『岩波講座 日本歴史1』岩波書店

坪井清足　1979「縄文時代晩期の北陸と近畿」『日本海地域の歴史と文化』文献出版（後に1986『埋蔵文化財と考古学』平凡社に「晩期の北陸と近畿」と題して再録。引用ページは再録本による）

坪井正五郎　1889「帝国大学の隣地に貝塚の跟跡有り」『東洋学芸雑誌』91、東洋学芸社

坪井正五郎　1907『人類学叢話』博文館

寺沢　薫　1988「纒向型前方後円墳の築造」『考古学と技術』同志社大学考古学シリーズⅣ

寺沢　薫　2000『日本の歴史2 王権誕生』講談社

寺沢　薫・寺沢知子　1981「弥生時代植物質食料の基礎的研究」『橿原考古学研究所論攷』5

藤間生大　1951『日本民族の形成』岩波書店

トーマス・クーン／中山　茂訳　1971『科学革命の構造』みすず書房（原著は1962年刊）

富岡謙蔵　1918「九州北部に於ける銅剣銅鉾及び弥生式土器と伴出する古鏡の年代に就いて」『考古学雑誌』8-9、考古学会

鳥居龍蔵　1893「武蔵国北足立郡貝塚村貝塚内部ノ状態」『東京人類学会雑誌』92

鳥居龍蔵　1903「伊豆国大島溶岩流下の石器時代遺跡」『東京人類学会雑誌』194

鳥居龍蔵　1908「満州の石器時代遺跡と朝鮮の石器時代遺跡との関係に就て」『東京人類学会雑誌』262

鳥居龍蔵　1917a「閑却されたる大和国」『東京人類学会雑誌』32-9

鳥居龍蔵　1917b「畿内の石器時代に就て」『東京人類学会雑誌』32-9

鳥居龍蔵　1923「我が国の銅鐸は何民族の残した物か」『人類学雑誌』38-4、東京人類学会

鳥居龍蔵　1924『諏訪史』1、古今書院

鳥居龍蔵　1925『武蔵野及其有史以前』磯部甲陽堂

鳥居龍蔵　1932「我が原史時代（上代）の生活と文化」『中央公論』47-1（後に1918『有史以前の日本』磯部甲陽堂に再録、以下ページ数は再録本による）

鳥居龍蔵　1953『ある老学徒の手記』朝日新聞社（後に2013同書名、岩波文庫青N112-1として文庫化。引用ページは文庫版による）

直良信夫・小林行雄　1932「播磨国吉田史前遺跡研究」『考古学』3-5、東京考古学会

中沢道彦・丑野　毅　1998「レプリカ法による縄文時代晩期土器の籾状圧痕の観察」『縄文時代』9、縄文時代研究会

中沢道彦・高瀬克範　2011「縄文晩期～弥生時代移行期の植物栽培」『日本考古学協会第77回総会研究発表要旨』日本考古学協会

中島直幸　1982『菜畑遺跡』唐津市文化財調査報告書5

中園　聡　2005「九州弥生文化の展開と交流」『稲作伝来』岩波書店

中根君郎　1928「武蔵国荏原郡池上町久ケ原及びその付近に於ける弥生式遺蹟」『考古学雑誌』18-7、

　　考古学会

中根君郎・德富武雄　1929「武蔵国荏原郡池上町久ヶ原に於ける弥生式の遺蹟、遺物並びに其の文
　　化階梯に関する考察（二）」『考古学雑誌』19－11、考古学会

永峯光一　1964「勝坂期をめぐる原始農耕存否問題の検討」『信濃』16－3、信濃史学会

中村　大　2008「社会階層」『縄文時代の考古学』10、同成社

中村五郎　1978「東部・西部弥生土器と続縄文土器の編年関係」『北奥古代文化』10、北奥古代文化
　　研究会（後に1988『弥生文化の曙光』未来社に再録。引用ページは再録本による）

中村五郎　1982『畿内第Ⅰ様式に併行する東日本土器』（私家版）（後に1988『弥生文化の曙光』未
　　来社に再録。引用ページは再録本による）

中村五郎　1988『弥生文化の曙光』未来社

中村俊夫　2001「放射性炭素年代とその高精度化」『第四紀研究』40－6、第四紀学会

中村　豊　2009「西病棟建設に伴う埋蔵文化財発掘調査の成果」『国立大学法人徳島大学埋蔵文化財
　　調査室年報』1

中谷治宇二郎　1934「日本石器時代に於ける大陸文化の影響」『考古学』5－4、東京考古学会

中屋敷均　2019『科学と非科学』講談社現代新書

中山誠二　2010『植物考古学と日本の農耕の起源』同成社

中山誠二　2019「栽培植物からみた弥生型農耕の系譜」『再考「弥生時代」』雄山閣

中山平次郎　1917a「九州北部に於ける先史原始両時代中間期間の遺物に就て（一）」『考古学雑誌』
　　7－10、考古学会

中山平次郎　1917b「九州北部に於ける先史原始両時代中間期間の遺物に就て（四）」『考古学雑誌』
　　8－3、考古学会

中山平次郎　1918a「貝塚土器と弥生式土器の古さに就いて」『考古学雑誌』8－6、考古学会

中山平次郎　1918b「銅鉾銅剣並に石剣発見地の遺物（上）」『考古学雑誌』8－8、考古学会

中山平次郎　1918c「銅鉾銅剣並に石剣発見地の遺物（下）」『考古学雑誌』8－9、考古学会

中山平次郎　1918d「銅鉾銅剣発見地の遺物追加」『考古学雑誌』8－10、考古学会

中山平次郎　1920a「土器の有無未詳なる石器時代の遺蹟（下）」『考古学雑誌』10－11、考古学会

中山平次郎　1920b「大甕を発見せる古代遺蹟」『考古学雑誌』11－1、考古学会

中山平次郎　1920c「大甕を発見せる古代遺蹟（二）」『考古学雑誌』11－2、考古学会

中山平次郎　1920d「大甕を発見せる古代遺蹟（三）」『考古学雑誌』11－4、考古学会

中山平次郎　1923「焼米を出せる竪穴址」『考古学雑誌』14－1、考古学会

中山平次郎　1925「筑前国朝倉郡福田村平塚字栗山新発掘の甕棺内遺物」『考古学雑誌』15－4、考
　　古学会

中山平次郎　1927「クリス形鉄剣及び前漢鏡の新資料」『考古学雑誌』17－7、考古学会

中山平次郎　1932「福岡地方に分布せる二系統の弥生式土器」『考古学雑誌』22－6、考古学会

中山平次郎　1934「飯塚市立岩運動場発見の甕棺内遺物」『史蹟名勝天然記念物調査報告書』9、福
　　岡県

西川修一　2020「「弥生時代 再考」と海洋民研究の視点」『東京考古』38、東京考古談話会

日本考古学協会2000年度鹿児島大会実行委員会編　2000『はたけの考古学』

禰津正志　1935「原始日本の経済と社会」『歴史学研究』4－5・6、歴史学研究会（後に1972『歴史

　　科学大系』1、校倉書房に再録。引用ページは再録本による）

ねずまさし　1947「考古学から見た日本古代社会」『日本古代社会』I、日本読書購買利用組合

野島　永　2009a「鉄器の生産と流通」『弥生時代の考古学』6、同成社

野島　永　2009b『初期国家形成過程の鉄器文化』雄山閣

野島　永　2014「研究史からみた弥生時代の鉄器文化」『国立歴史民族博物館研究報告』185

野中完一　1897「共同備忘録」『東京人類学会雑誌』141

橋口定志編　2020「東日本弥生時代・文化研究「再考」その是非を論じる」『東京考古』38、東京考
　　古談話会

橋口達也編　1985『石崎曲り田遺跡』Ⅲ、福岡県教育委員会

橋口達也　1986「犠牲者」『弥生文化の研究』9、雄山閣

橋口達也　1995「弥生時代の戦い」『考古学研究』42-1、考古学研究会

長谷部言人　1918a「大境洞窟の遺蹟に就いて」『河北新報』大正7年10月8日〜13日（後に1927『先
　　史学研究』大岡山書店に再録。引用ページは再録本による）

長谷部言人　1918b「宮戸島里浜貝塚の土器に就いて」『現代之科学』7-3（後に1927『先史学研究』
　　大岡山書店に再録。引用ページは再録本による）

長谷部言人　1925「陸前大洞貝塚発掘調査所見」『人類学雑誌』40-10、東京人類学会（後に1927『先
　　史学研究』大岡山書店に再録。図の判断は再録本による）

土生田純之　2009「弥生文化と古墳文化」『弥生時代の考古学』1、同成社

濱田耕作　1918『河内国府石器時代遺跡発掘報告等』京都帝国大学文学部考古学研究報告2

濱田耕作　1920『河内国府石器時代遺跡第二回発掘報告等』京都帝国大学文学部考古学研究報告4

濱田耕作　1921『薩摩国出水貝塚発掘報告・薩摩国指宿土器包含層調査報告』京都帝国大学文学部
　　考古学研究報告6

濱田耕作　1930『東亜文明の黎明』刀江書院

濱田耕作　1932「考古学上利器の材料による時代の区分に就いて」『歴史と地理』1-3、史学地理学
　　同攷会

浜田晋介　1997『加瀬台古墳群の研究』Ⅱ、川崎市市民ミュージアム考古学叢書3

浜田晋介　2002a「弥生時代生業研究史」『川崎市市民ミュージアム紀要』14

浜田晋介　2002b「鶴見川流域・弥生時代の食糧生産」『神奈川考古』38、神奈川考古同人会

浜田晋介　2006「考古学における集落研究史」『川崎市市民ミュージアム紀要』18（後に一覧表を削
　　除して、2011『弥生農耕集落の研究』雄山閣に収録）

浜田晋介　2007a「弥生時代炭化種実の検討」『川崎市市民ミュージアム紀要』19（後に一覧表を削
　　除して、2011『弥生農耕集落の研究』雄山閣に再録）

浜田晋介　2007b「弥生集落と谷」『日本考古学』24、日本考古学協会（後に「谷水田の検証」と改題し、
　　2011『弥生農耕集落の研究』雄山閣に再録）

浜田晋介　2009「朝光寺原式土器の編年と共伴土器」「南関東弥生後期土器雑感」『南関東の弥生土
　　器2』六一書房

浜田晋介　2011a『弥生農耕集落の研究』雄山閣

浜田晋介　2011b「弥生時代の生業研究への期待」『長野県考古学会誌』138・139

浜田晋介　2013「日本の初期農耕集落を考える—多摩地域の遺跡を題材に—」『多摩考古』43、多摩

考古学研究会

浜田晋介　2014「朝光寺原式土器からみる集団構成論メモ」『久ケ原・弥生町期の現在』西相模考古学研究会

浜田晋介　2018『弥生文化読本』六一書房

浜田晋介　2019「弥生時代の水稲単作史観を考える」『日本考古学』48、日本考古学協会

浜田晋介・中山誠二・杉山浩平　2019『再考「弥生時代」』雄山閣

浜田晋介・山本孝文　2017『加瀬台遺跡群の研究』日本大学文理学部

浜田達二　1981「遺跡の年代をはかる」『考古学のための化学10章』東京大学出版会

原秀三郎　1972「日本における科学的原始・古代史研究の成立と展開」『歴史科学大系』1、校倉書房

原田大六・森貞次郎　1961「九州出土石庖丁形鉄器の撤回」『考古学研究』7-4、考古学研究会

春成秀爾　1990『弥生時代の始まり』東京大学出版会

春成秀爾　1999「日本における土器編年と炭素14年代」『国立歴史民俗博物館研究報告』81

春成秀爾　2003「弥生時代早・前期の鉄器問題」『考古学研究』50-3、考古学研究会

春成秀爾　2006a「炭素14年代と鉄器〔補記〕」『考古学はどう検証したか』学生社

春成秀爾　2006b「弥生時代の鉄器」『国立歴史民俗博物館研究報告』133

春成秀爾　2007「弥生青銅器の成立年代」『国立歴史民俗博物館研究報告』137

春成秀爾・今村峯雄・藤尾慎一郎・坂本　稔　2003「弥生時代の開始年代」『日本考古学協会第69回総会研究発表要旨』

樋口清之　1926「大和で発見した石器時代の食料」『考古学雑誌』16-10、考古学会

樋口清之　1939『日本原始文化史』三笠書房

広瀬和雄　1997『縄文から弥生への新歴史像』角川書店

広瀬和雄　1998「弥生都市の成立」『考古学研究』45-3、考古学研究会

フェイガン／小泉龍人訳　2010『考古学の歩み』朝倉書店（原著は2005年刊行）

福永武彦訳　2005『現代語訳 日本書紀』河出文庫

藤尾慎一郎　2011『〈新〉弥生時代』吉川弘文館

藤尾慎一郎　2013『弥生文化像の新構築』吉川弘文館

藤尾慎一郎　2014「弥生鉄史観の見直し」『国立歴史民俗博物館研究報告』185

藤尾慎一郎　2015『弥生時代の歴史』講談社現代新書2330

藤瀬禎博　1983「安永田遺跡の銅鐸鋳型について」『銅鐸と女王国の時代』日本放送出版協会

藤森栄一　1933「陸前桝形囲貝塚の籾痕を有する土器」『日本原始農業』東京考古学会

藤森栄一　1936「信濃の弥生式土器と弥生式石器」『考古学』7-7、東京考古学会

藤森栄一　1950「日本原始陸耕の諸問題」『歴史評論』4-4、歴史科学協議会

藤森栄一　1951「信濃北原遺跡出土土器の考古学的位置について」『諏訪考古学』6、諏訪考古学研究所（後に1983『藤森栄一全集』10、学生社に再録）

藤森栄一　1965『井戸尻』学生社

細川金也　2002『吉野ヶ里銅鐸』佐賀県文化財調査報告書152

蒔田鎗次郎　1896「弥生式土器（貝塚土器ニ似テ薄手ナルモノ）発見ニ付テ」『東京人類学会雑誌』122

蒔田鎗次郎　1897「弥生式土器」『東京人類学会雑誌』12-138

蒔田鎗次郎　1901「長野市に於ける弥生式土器の発見」『東京人類学会雑誌』187

蒔田鎗次郎　1902a「長野市に於ける弥生式土器の発見（第187号の続き）」『東京人類学会雑誌』190

蒔田鎗次郎、1902b「弥生式土器と共に貝を発見せし事に就いて」『東京人類学会雑誌』192

前川文夫　1949「果実及び種子等」『登呂』日本考古学協会

前川文夫　1954「葉・果実および種子等について」『登呂』日本考古学協会

松木武彦　2007『列島創世記』小学館

松木武彦　2011「「世界」史のなかの弥生文化」『考古学研究』58-3、考古学研究会

松木武彦　2020「「弥生文化」の脱構築」『東京考古』38、東京考古談話会

松島　透　1953a「下伊那における弥生文化」『伊那』8、伊那史学会

松島　透　1953b「下伊那における弥生文化」『伊那』9、伊那史学会

松島　透　1953c「下伊那における弥生文化」『伊那』10、伊那史学会

松島　透　1964「飯田地方における弥生時代打製石器」『日本考古学の諸問題』考古学研究会

松本彦七郎　1919a「日本先史人類論」『歴史と地理』3-2、史学地理学同攷会

松本彦七郎　1919b「宮戸島里浜及気仙郡瀬沢介塚の土器」『現代の科学』7-5・6、現代の科学社

三澤　章（和島誠一）　1936「金属文化の輸入と生産経済の発達」『日本歴史教程』1（後に和島誠一主
　　要著作集刊行会編 1973『日本考古学の発達と科学的精神』に再録。引用ページは再録本による）

三森定男　1941『日本原始文化』四海書房

三森定男　1989「考古太平記」『古代文化』41-9、古代文化協会

南川雅男　1993「アイソトープ解析法」『第四紀試料分析法』第四紀学会

南川雅男　1995「骨から植物を読む」『古代に挑戦する自然科学』クバプロ

三宅米吉　1894「日本上古の焼物」『東京人類学会雑誌』10-105

三宅米吉　1897「上古の焼物の名称」『考古学会雑誌』1-9、考古学会

村上岩吉　1943「仙台市郊外」『古代文化』14-5、日本古代文化学会

村上恭通　1999『倭人と鉄の考古学』青木書店

村越　潔　1988「砂沢遺跡の水田址」『日本における稲作農耕の起源と展開 資料集』日本考古学協会
　　静岡大会実行委員会

モース／近藤義郎・佐原　眞訳　1983「日本太古の民族の足跡」『大森貝塚 付関連史料』岩波文庫
　　青 432-1、岩波書店

森貞次郎　1942「古期弥生式文化に於ける立岩式文化期の意義」『古代文化』13-7、日本古代文化
　　学会

森貞次郎　1966a「弥生文化の発展と地域性」『日本の考古学』2、河出書房

森貞次郎　1966b「武器」『日本の考古学』2、河出書房

森貞次郎・岡崎　敬　1961「福岡県板付遺跡」『日本農耕文化の生成』東京堂

森本六爾　1924a「大和に於ける史前の遺跡」『考古学雑誌』14-10、考古学会

森本六爾　1924b「大和に於ける史前の遺跡」『考古学雑誌』14-11、考古学会

森本六爾　1924c「大和に於ける史前の遺跡」『考古学雑誌』14-12、考古学会

森本六爾　1933a「日本における農業起源」『ドルメン』2-9、岡書院

森本六爾　1933b「低地遺跡と農業（要旨）」『人類学雑誌』48-10、東京人類学会

森本六爾　1933c「弥生文化と原始農業問題」『日本原始農業』東京考古学会

森本六爾　1933d「低地性遺跡と農業」『日本原始農業』東京考古学会

森本六爾　1933e「東日本の縄文式時代に於ける弥生式並に祝部式系文化の要素摘出の問題」『考古学』4−1、東京考古学会

森本六爾　1934a「弥生式土器に於ける二者」『考古学』5−1、東京考古学会

森本六爾　1934b「籾の痕ある土器の新資料」『考古学』5−1、東京考古学会

森本六爾　1934c「稲と石庖丁」『考古学』5−3、東京考古学会

森本六爾　1934d「弥生式農作物関係発見地名表」『日本原始農業新論』考古学評論1−1、東京考古学会

森本六爾　1934e「農業起源と農業社会」『日本原始農業新論』考古学評論1−1、東京考古学会

森本六爾　1934f「銅鐸面の絵画に就いて」『日本原始農業新論』考古学評論1−1、東京考古学会

森本六爾　1934g「石庖丁の諸形態と分布」『日本原始農業新論』考古学評論1−1、東京考古学会

森本六爾　1935「日本古代社会」『歴史教育講座』第4資料編　四海書房（後に森本六爾著／坪井良平・小林行雄編1938『日本考古学研究』桑名文星堂に再録。引用ページは再録本による）

森本六爾　1946『日本農耕文化の起源』葦牙書房

森本六爾・小林行雄　1938『弥生式土器聚成図録』東京考古学会

守屋　亮　2014「東京湾西岸における弥生時代の栽培植物利用」『東京大学考古学研究室研究紀要』28

モンテリウス／濱田耕作訳　1932『考古学研究法』岡書院

八木奘三郎　1897「相州諸磯石器時代遺蹟の土器」『東京人類学会雑誌』139

八木奘三郎　1898a「共同備忘録」『東京人類学会雑誌』143

八木奘三郎　1898b「馬来形式の新遺物発見」『東京人類学会雑誌』145

八木奘三郎　1900a「九州地方遺蹟調査報告」『東京人類学会雑誌』173

八木奘三郎　1900b「九州地方遺蹟調査報告」『東京人類学会雑誌』175

八木奘三郎　1902a『日本考古学』（再版）嵩山房

八木装三郎　1902b『考古便覧』嵩山房

八木奘三郎　1906「中間土器の貝塚調査報告」『東京人類学会雑誌』248

八木奘三郎　1907a「中間土器の貝塚調査報告」『東京人類学会雑誌』250

八木奘三郎　1907b「中間土器の貝塚調査報告」『東京人類学会雑誌』251

八木奘三郎　1907c「中間土器の貝塚調査報告」『東京人類学会雑誌』256

八木装三郎　1910『考古精説』嵩山房（1902年刊行の『考古便覧』と同内容）

八木奘三郎　1915「朝鮮の磨石器時代」『東京人類学会雑誌』29−12

八木奘三郎　1916a「朝鮮の磨石器時代」『東京人類学会雑誌』30−2

八木奘三郎　1916b「朝鮮の磨石器時代」『東京人類学会雑誌』30−5

八木奘三郎　1916c「坪井博士とコロボックル論」『東京人類学会雑誌』31−3・31−4

八木奘三郎・下村三四吉　1893「常陸国椎塚介墟発掘報告」『東京人類学会雑誌』87

八木奘三郎・下村三四吉　1894「下総国香取郡阿玉台貝塚探求報告」『東京人類学会雑誌』97

八木奘三郎・中澤澄男　1906『日本考古学』博文館

安本　博　1943「静岡市登呂弥生式遺蹟の調査」『考古学雑誌』33−8、日本考古学会

山崎純男　1978「福岡市板付遺跡の縄文時代水田址」『月刊文化財』181、第一法規

山崎純男　1987「北部九州における初期水田」『九州文化史研究所紀要』32、九州大学九州文化史研究所

山内清男　1924「磐城国新地村小川貝塚発掘略記」『人類学雑誌』39−4・5・6、東京人類学会

山内清男　1925「石器時代にも稲あり」『人類学雑誌』40−5、東京人類学会

山内清男　1928「下総上本郷貝塚」『人類学雑誌』43−10、東京人類学会

山内清男　1930「所謂亀ヶ岡式土器の分布と縄文式土器の終末」『考古学』1−3・1−4、東京考古学会

山内清男　1932a「日本遠古之文化一　縄文土器文化の真相」『ドルメン』1−4、岡書院

山内清男　1932b「日本遠古之文化二　縄文土器の起源」『ドルメン』1−5、岡書院

山内清男　1932c「日本遠古之文化三　縄文土器の終末」『ドルメン』1−6、岡書院

山内清男　1932d「日本遠古之文化四　縄文土器の終末二」『ドルメン』1−7、岡書院

山内清男　1932e「日本遠古之文化五　縄文式以後（前）」『ドルメン』1−8、岡書院

山内清男　1932f「日本遠古之文化六　縄文式以後（中）」『ドルメン』1−9、岡書院

山内清男　1932g「磨製片刃石斧の意義」『人類学雑誌』47−7、東京人類学会

山内清男　1932h「下野国河内郡本村野沢の土器」『史前学雑誌』4−1、史前学会

山内清男　1933「日本遠古之文化七　縄文式以後（下）」『ドルメン』2−2、岡書院

山内清男　1934a「稲の刈り方」『ドルメン』3−4、岡書院

山内清男　1934b「石庖丁の意義」『ドルメン』3−11、岡書院

山内清男　1934c「真福寺貝塚の再吟味」『ドルメン』3−12、岡書院

山内清男　1935「縄紋式文化」『ドルメン』4−6、岡書院

山内清男　1936a「日本考古学の秩序」『ミネルヴァ』4（5月号）、翰林書房

山内清男　1936b「考古学の正道」『ミネルヴァ』6（7・8月号）、翰林書房

山内清男　1937a「縄紋土器型式の細別と大別」『先史考古学』6−1、先史考古学会

山内清男　1937b「日本に於ける農業の起源」『歴史公論』1−1、雄山閣

山内清男　1939a『日本遠古之文化　補注付・新版』先史考古学会

山内清男　1939b「野沢式」『日本先史土器図譜』Ⅰ輯（後に、同書名で先史考古学会から1967年に再版合冊）

山内清男　1940「弥生式土器」『日本先史土器図譜』Ⅴ輯（後に、同書名で先史考古学会から1967年に再版合冊）

山内清男　1952「第二トレンチ」『吉胡貝塚』文化財保護委員会

山内清男　1964a「縄紋式土器・総論」『日本原始美術Ⅰ』講談社（後に1972『山内清男・先史考古学論文集』新第五巻、先史考古学会に、同名論文として再録。引用ページは再録本による）

山内清男　1964b「小川貝塚」『福島県史』6

山内清男　1967「石器時代土器底面に於ける稲籾の痕跡」『山内清男・先史考古学論文集』4、先史考古学会

山内清男　1969a「縄紋時代研究の現段階」『日本と世界の歴史』1、学習研究社（後に1972『山内清男・先史考古学論文集』新第五巻、先史考古学会に同名論文として再録。引用ページは再録本による）

山内清男　1969c「福島県小川貝塚調査概報」『先史考古学論文集・旧第11集』先史考古学会

山内清男　1969d「新石器時代序説」『先史考古学論文集・旧第11集』先史考古学会

山内清男　1970「鳥居博士と明治考古学秘史」『鳥居記念博物館紀要』4（後に1972『山内清男・先史考古学論文集』新第五巻、先史考古学会に、同名論文として再録。引用ページは再録本による）

山内清男ほか　1936a「座談会　日本石器時代文化の源流と下限を語る」『ミネルヴァ』創刊号（2月号）、

　　翰林書房

山内清男ほか　1936b「北海道・千島・樺太の古代文化を検討する」『ミネルヴァ』7（9月号）、翰林
　　書房

八幡一郎　1924「千葉県加曽利貝塚の発掘」『人類学雑誌』39-4～6、東京人類学会

八幡一郎　1928『南佐久郡の考古学的調査』信濃教育会（後に、1978同書名、歴史図書社として復刊）

八幡一郎　1930『土器　石器』古今書院

八幡一郎　1935「日本石器時代文化」『日本民族』岩波書店

横井　肇　1927「考古見聞記」『考古学研究』1-1、考古学研究会（後に「銍鎌と石包丁」の部分だ
　　け 1934『日本原始農業新論』考古評論1-1、東京考古学会に所収）

吉岡郁夫　1987『日本人種論争の幕あけ』共立出版

吉田　広　2008「日本列島における武器形青銅器の鋳造開始年代」『新弥生時代のはじまり』3、雄
　　山閣

吉田　広　2014「弥生青銅器祭祀の展開と特質」『国立歴史民俗博物館研究報告』185

米田　譲　2018「池子遺跡のヒトと動物の炭素・窒素同位体比からみた弥生時代の食生活」『弥生時
　　代食の多角的研究』六一書房

米田　譲・菊地有希子・那須浩郎・山崎孔平　2019「同位体分析による弥生時代の水稲利用の評価
　　にむけて」『農耕文化複合形成の考古学（下）』雄山閣

力武卓治　1982「席田遺跡群赤穂ノ浦遺跡出土の銅鐸鋳型について」『考古学ジャーナル』211、ニュー・
　　サイエンス社

レンフルー／大貫良夫訳　1979『文明の誕生』岩波現代選書 32、岩波書店（原著は 1973 年刊行）

レンフルー＆バーン著／池田　裕・常木　晃・三宅　裕・松本健速・前田　修訳　2007『考古学─
　　理論・方法・実践』東洋書林（原著は 2004 年刊行）

若林勝邦　1891「鉄鐸及ビ銅鐸ノ表面ニアル浮紋」『東京人類学会雑誌』67

和島誠一　1937「日本考古学の発達と科学的精神」『唯物論研究』60・62（後に同タイトルの著作集、
　　和島誠一主要著作集刊行会編 1973 に再録。本文の引用ページは再録本による）

和島誠一　1948「原始聚落の構成」『日本歴史学講座』学生書房（後に和島誠一主要著作集刊行会編
　　1973『日本考古学の発達と科学的精神』に再録。本文の引用ページは再録本による）

和島誠一　1956「発達の諸段階」『日本考古学講座』2、河出書房

和島誠一　1966「弥生時代社会の構造」『日本の考古学』3、河出書房

渡辺兼庸　1977「『古物学』の底本」『考古学雑誌』63-2、日本考古学会

渡辺　誠　1975『縄文時代の植物食』雄山閣

渡部義通　1931「日本原始共産社会の生産及生産力の発展」『思想』110-112、岩波書店

渡部義通　1974『思想と学問の自伝』河出書房新社

和辻哲郎　1939『改稿版 日本古代文化』岩波書店

E.S.Morse 1879 *Shell Mound of Omori* Memoirs of Science Department, University of Tokio Japan
　　Volume I Part I（後に大森貝塚保存会によって、1967『大森貝塚』中央公論美術出版として復刻）

Iijima and Sasaki, 1883 *Okadaira Shell Mound at HIitachi*（後に斉藤忠の解説を付して、1983 同名書籍、
　　第一書房として復刻）

■著者紹介 ────────────────────────

浜田 晋介（はまだ しんすけ）

　1959 年　神奈川県川崎市生まれ。
　日本大学文理学部を卒業後、川崎市・東京都あきる野市・八王子市などで発掘
　　調査に従事。
　川崎市市民ミュージアム学芸員を経て、日本大学文理学部教授（現職）。
　専修大学より 2011 年に博士（歴史学）を授与。
　主な著書には次のものがある。
　『考古学概論』2022，ミネルヴァ書房（山本孝文・青木敬・城倉正祥・寺前直人と共著）
　『再考「弥生時代」』2019，雄山閣（中山誠二・杉山浩平と共著）
　『弥生文化読本』2018，六一書房
　『弥生農耕集落の研究』2011，雄山閣

《検印省略》2022年 8月 10日　初版発行

探究　弥生文化 ㊤
学説はどう変わってきたか

著者
浜田晋介

発行者
宮田哲男

発行所
株式会社 雄山閣
〒102-0071　東京都千代田区富士見2-6-9
Ｔｅｌ：03-3262-3231
Ｆａｘ：03-3262-6938
URL：http://www.yuzankaku.co.jp
e-mail：info@yuzankaku.co.jp
振　替：00130-5-1685

印刷・製本
株式会社ティーケー出版印刷

ISBN978-4-639-02831-4　C0021
N.D.C.210　184p　21cm